알쏭달쏭 열두 띠 이야기

《알쏭달쏭 열두 띠 이야기》는
초등학교 교과서의 이런 단원과 관련이 깊어요

📖 **3학년 1학기 국어**
　4. 마음을 전해요 – 〈어흥, 호랑이를 만나 볼래?〉

📖 **3학년 2학기 사회**
　3. 다양한 삶의 모습
　　(2) 변화하는 전통 의례

📖 **4학년 2학기 사회**
　2. 여러 지역의 생활
　　(1) 촌락의 생활 모습

📖 **5학년 2학기 사회**
　3. 우리 겨레의 생활 문화
　　(2) 민속을 통해 본 조상들의 삶

📖 **6학년 1학기 사회**
　2. 근대 사회로 가는 길
　　(1) 새로운 사회로의 움직임

📖 **6학년 미술**
　6. 여러 나라의 민속 공예

오십 빛깔 우리 것 우리 얘기 36

알쏭달쏭 열두 띠 이야기

우리누리 글 • 김병하 그림

주니어 중앙

추천의 말

어린이가 꿈을 키우는 터전

꿈 많은 어린 시절엔 장대한 역사와 위대한 문화유산에 관한
책을 읽는 것이 좋다.
거기에는 어린이가 꿈을 키우는 터전이 있기 때문이다.
감수성 예민한 어린 시절엔 흥미로운 그림을 통하여
재미있게 이야기를 풀어 간 책이 좋다.
그것은 시각적 인식을 통해 어린이의 상상력을 자극하기 때문이다.
『오십 빛깔 우리 것 우리 얘기』는 이런 필요조건을 갖춘
고급 어린이 교양도서라 할 만한 것이다.

유홍준
(전 문화재청장, 현 명지대 교수,
『나의 문화유산 답사기』 저자)

 이 책을 추천해 주신 선생님들

● 전래 놀이, 풍속과 관련된 수업에 활용하고 있습니다. 옛 풍속과 관련해서 요즘에는 잘 사용하지 않는 용어들이 있어서 아이들이 어려워하는데, 이 책에는 사진 자료와 함께 쉽고 정확하게 설명이 되어 있어 아이들이 이해하기 쉽게 되어 있습니다.
— 손영수 선생님(가사초등학교)

● 아이들이 우리의 전통문화를 쉽게 접할 수 있도록 도움을 주는 소중한 자료입니다. 우리 학교의 독서 퀴즈 대회에서 매년 사용하는 책이랍니다.
— 성주영 선생님(도당초등학교)

● 우리의 옛 풍습과 문화, 관혼상제 등에 대해 자세히 설명되어 있어 수업을 하기 전에 미리 읽어 오라고 하는 도서입니다.
— 전은경 선생님(용산초등학교)

● 우리의 문화와 역사를 초등학생들이 이해하기 쉽도록 재미있는 옛이야기로 풀어낸 점이 가장 마음에 듭니다. 초등 교과와 연계된 부분이 많아 학교 수업에 많이 활용하는 도서입니다.
— 한유자 선생님(삼일초등학교)

김임숙 선생님(팔달초)	조윤미 선생님(화양초)	이경혜 선생님(군포초)	염효경 선생님(지동초)
오재민 선생님(조원초)	박연희 선생님(우이초)	박혜미 선생님(대평중)	이진희 선생님(수일초)
최정희 선생님(온곡초)	정경순 선생님(시흥초)	박현숙 선생님(중흥초)	김정남 선생님(외동초)
이광란 선생님(고리울초)	김명순 선생님(오목초)	신지연 선생님(개포초)	심선희 선생님(상원초)
문수진 선생님(덕산초)	정지은 선생님(세검정초)	정선정 선생님(백봉초)	김미란 선생님(둔전초)
김미정 선생님(청덕초)	조정신 선생님(서신초)	김경아 선생님(서림초)	김란희 선생님(유덕초)
정상각 선생님(대선초)	서흥희 선생님(수일중)	윤란희 선생님(안산시근로자시민문화센터어린이도서관)	

『오십 빛깔 우리 것 우리 얘기』를 펴내며
향기를 오롯이 담아낸 그릇

　『오십 빛깔 우리 것 우리 얘기』 시리즈가 처음 출간된 지 어느덧 16년이 되었습니다. 그동안 수많은 어린이와 부모님 그리고 선생님들의 사랑을 받으며 전 50권이 완간되었고, 어린이 옛이야기 분야의 고전(古典)이자 스테디셀러로 굳건히 자리매김해 왔습니다.

　이 시리즈는 '소중히 지켜야 할 우리 것'에 대한 이야기를 어린이를 위해 '쉽고 재미있게' 풀어쓴 책입니다. 내용으로는 선조들의 생활과 풍습 이야기, 문화재와 발명품 이야기, 인물과 과학기술·예술작품 이야기, 팔도강산과 고유 동식물 이야기 등 우리나라 역사와 전통문화 모든 영역을 총망라하고 있습니다. 그리고 이를 50가지 주제로 엮어 저학년 어린이도 얼마든지 볼 수 있도록 맛깔나는 옛이야기로 담아냈습니다. 장대한 역사와 위대한 문화유산을 배우기에 옛이야기만큼 좋은 형식도 없기 때문입니다.

　대한민국 국민으로서 알아야 하고 전해야 할 우리 것, 우리 얘기는 아주 많습니다. 그동안 이 시리즈를 통해 많은 어린이가 우리 것을 알게 되고, 우리 얘기를 사랑하게 되었을 것입니다. 시간이 흘러도 역사와 전통문화의 향기는 변하지 않기 때문입니다.

하지만 저희는 그 향기를 담아내는 그릇이 그간 색이 바래고 빛을 잃었다는 사실에 가슴이 아프고 안타까웠습니다. 그래서 책에서 전하는 우리 것의 향기를 오롯이 담아낼 수 있는 새로운 그릇을 찾고자 하였습니다. 그 그릇을 통해 향기가 더욱 그윽해지고 멀리까지 퍼져서 수백 년, 수천 년 전의 우리 것이 오늘날에도 살아 숨 쉴 수 있도록 생명력을 주고자 하였습니다.

　이에 몇 가지 원칙을 가지고 『오십 빛깔 우리 것 우리 얘기』 시리즈를 새롭게 출간하게 되었습니다.

◎ 원작이 가지는 옛이야기의 맛과 멋을 그대로 살렸습니다.
◎ 요즘 독자들의 감각에 맞추어 디자인과 그림을 50권 전권 전면 개정하였습니다.
◎ 교과 학습의 길잡이가 될 수 있도록 연계 교과를 표시하였습니다.
◎ 학습정보 코너는 유익함과 재미를 함께 줄 수 있도록 4컷 만화, 생생 인터뷰,
　 묻고 답하기 등으로 내용을 재구성하였고, 최신 정보와 사진을 수록하였습니다.
◎ 도표, 연표, 역사신문, 체험학습 등으로 권말부록을 풍성하게 꾸며서
　 관련 교과 학습을 강화하였습니다.

　이 책을 처음 읽었을 8살 꼬마 독자는 지금쯤 나라와 민족에 긍지를 가진 25살 자랑스러운 대한민국 청년이 되었을 것입니다. 그 청년이 부모가 되어서도 자녀에게 다시 권할 수 있는 그런 책이 되기를 바라며, 이 시리즈를 오십 빛깔 그릇에 정성껏 담아 내어놓습니다.

주니어중앙

열두 띠에 담긴 재미있는 이야기

옛날, 옥황상제가 열두 동물의 순서를 정하기 위해 동물들을 모으기로 마음먹었어요. 그래서 주변을 돌아다니던 쥐에게 명령했어요.
"이제 너희 열두 동물의 순서를 정하려고 한다. 그러니 빨리 가서 다른 동물들에게 이곳으로 모이라고 일러라. 먼저 도착하는 순서대로 차례를 정한다는 말을 빠뜨려서는 안 된다. 알겠지?"
쥐는 쉬지 않고 달려서 열한 마리의 동물에게 옥황상제의 말을 전했어요. 그런데 이들 중 소와 쥐는 아주 친한 친구 사이였어요.
"그래? 그렇다면 지금 바로 출발하는 게 좋겠군."
"그래, 그게 좋겠다. 그런데 소야, 미안하지만 내가 네 등에 올라타고 가도 될까? 먼 길을 달려왔더니 다리가 너무 아파."
"알았어. 그렇게 하도록 해."
몇 시간 뒤, 열심히 달려온 덕분에 소가 제일 먼저 도착했어요.

　그런데 도착하자마자 쥐가 소등에서 뛰어내리며 말했어요.
　"헤헤, 이거 미안해서 어쩌지? 네 덕분에 내가 일등인걸."
　소는 쥐가 얄미웠지만 어쩔 수가 없었어요. 조금 지나자 호랑이, 토끼, 용, 뱀, 말, 양, 원숭이, 닭, 개, 돼지가 차례로 도착했어요. 그리고 이렇게 정해진 열두 동물의 순서대로 매년 띠가 바뀌게 되었답니다.
　우리나라 사람들은 태어난 해를 따라 저마다 각각의 띠를 가지고 있어요. 그래서 그 띠를 가지고 한해의 점을 보고는 했지요. 또한 띠에 담긴 의미를 생각하며 그 띠를 가진 사람의 나이, 성격 같은 것을 짐작하기도 했고요.
　자, 그럼 이제 알쏭달쏭한 비밀을 가진 열두 동물의 이야기를 들으러 떠나 볼까요?

어린이의 벗 우리누리

차례

🐭 **부지런하고 참을성 있는 쥐띠** 12
백두 낭자·한라 도령과 함께 들어 보는 우리 조상들의 신앙 이야기
하늘과 잡신에게 지내는 제사 : 희생제의와 고사 22

🐂 **성실하게 노력하는 소띠** 24
백두 낭자·한라 도령과 함께 들어 보는 우리 조상들의 신앙 이야기
나무와 돌에 깃든 영혼 : 나무와 돌 숭배 34

🐯 **용기 있고 적극적인 호랑이띠** 36
백두 낭자·한라 도령과 함께 들어 보는 우리 조상들의 신앙 이야기
집안 곳곳을 지키는 신 : 가신신앙 44

🐇 **재치 있고 꾀가 많은 토끼띠** 46
백두 낭자·한라 도령과 함께 들어 보는 우리 조상들의 신앙 이야기
복은 들이고 재앙은 막는 신 : 문신신앙 54

🐉 **자신감 있고 꿋꿋한 용띠** 56
백두 낭자·한라 도령과 함께 들어 보는 우리 조상들의 신앙 이야기
하늘과 땅을 연결해 주는 다리 : 솟대 66

🐍 **단정하고 붙임성 있는 뱀띠** 68
백두 낭자·한라 도령과 함께 들어 보는 우리 조상들의 신앙 이야기
마을을 지켜 주는 수호신 : 서낭신앙 78

정열적이고 자유로운 **말띠** 80
백두 낭자 · 한라 도령과 함께 들어 보는 우리 조상들의 신앙 이야기
집안의 행운을 지켜 주는 신 : 조상단지 88

착하고 정직한 **양띠** 90
백두 낭자 · 한라 도령과 함께 들어 보는 우리 조상들의 신앙 이야기
보이지 않는 신의 증표 : 부적 98

재주 많고 지혜로운 **원숭이띠** 100
백두 낭자 · 한라 도령과 함께 들어 보는 우리 조상들의 신앙 이야기
농촌과 어촌에서 지내는 제사 : 산신제와 용왕제 108

꼼꼼하고 자기주장이 강한 **닭띠** 110
백두 낭자 · 한라 도령과 함께 들어 보는 우리 조상들의 신앙 이야기
비 오기를 기원하는 제사 : 기우제 118

믿음직스럽고 의리 있는 **개띠** 120
백두 낭자 · 한라 도령과 함께 들어 보는 우리 조상들의 신앙 이야기
미래를 예측할 수 있는 신비스러운 힘 : 점 128

순진하고 끈기 있는 **돼지띠** 130
백두 낭자 · 한라 도령과 함께 들어 보는 우리 조상들의 신앙 이야기
재앙을 미리 막기 위한 행동 규제 : 금기 138

부록 교과가 튼튼해지는 우리 것 우리 얘기 140
열두 띠 동물과 우리 풍속

· 부지런하고 참을성 있는 ·
쥐띠

옛날에 돌이라는 아이가 살았어요. 돌이는 아주 장난꾸러기에다가 노는 것만 좋아하는 아이였지요. 또한 손톱을 깎으면 꼭 마루 밑에다 버리는 이상한 버릇도 가지고 있었어요.

돌이 아버지는 늘 놀기만 하는 아들이 걱정되었어요. 그래서 돌이를 절에 보내기로 결심했어요.

"애야, 너도 이제 과거 시험도 보고 벼슬도 얻어야 하지 않겠느냐? 그러니 절에 들어가 열심히 공부를 좀 하도록 하여라."

돌이는 부모님의 뜻에 따라 절에 들어가 공부를 했어요. 예전처럼 놀지도 않고 잠도 덜 자면서 아주 열심히 공부했지요.

그러던 어느 날, 작은 쥐 한 마리가 돌이가 공부하는 절간으로 들어왔어요. 그러더니 마루 밑으로 들어가 돌이가 버린 손톱 하나를 물고는 어디론가 사라져 버렸어요. 돌이는 참 이상한 쥐라고 생각했어요.

1년이 지난 뒤, 열심히 공부만 하던 돌이는 부모님이 너무나 보고 싶었어요. 그래서 짐을 챙겨 서둘러 집으로 돌아왔어요.

그런데 이게 어찌 된 일일까요? 대문을 열고 들어간 집 마당에는 자신과 똑같이 생긴 한 아이가 있는 것이 아니겠어요? 돌이는 기가 막혔어요,

"아니, 당신은 누구요? 허름한 행색을 보아하니 빌어먹는 거지 같소만······."

가짜 돌이가 말했어요. 진짜 돌이는 기가 막혔어요.

"아니, 뭐라고요? 난 이 집 아들 돌이란 말이오. 절에서 공부를 하다가 지금 막 돌아왔다오. 어머니, 돌이가 왔습니다!"

"아니, 너는 누구냐? 내 아들 돌이는 이미 옛날에 돌아와서 이렇게 글공부하며 잘살고 있는데. 썩 물러가지 못하겠느냐?"

돌이네 집이 소란스러워지자 마을 사람들이 하나둘 모여들었

어요. 하지만 마을 사람들이 아무리 살펴보아도 누가 진짜인지 도무지 알아낼 수가 없었어요. 절에서 늦게 돌아온 사람이 진짜 돌이였지만 아무도 그걸 믿어 주려고 하지 않았어요.

　돌이는 하는 수 없이 집을 나와 터덜터덜 걷다가 어느 주막에 들렀어요. 생각할수록 너무나 어처구니없고 억울한 일이었어요. 돌이는 그만 울음을 터뜨리고 말았어요.

　그때, 지나가던 스님 한 분이 돌이에게 다가와 서럽게 우는 이유를 물었어요. 돌이는 스님에게 그동안 있었던 일들을 자세히

얘기해 주었어요. 그러자 스님이 돌이에게 물었어요.

"혹시 절에서 공부할 때 이상한 일은 없었소?"

돌이는 잠시 생각해 보았어요. 하지만 특별한 일은 떠오르지 않았어요. 그런데 바로 그때, 생쥐 한 마리가 부엌 쪽으로 쪼르르 달려가는 것이 보였어요. 그러자 절에서 공부하던 시절에 자기가 버린 손톱을 물고 갔던 쥐 한 마리가 생각났어요.

돌이는 스님에게 쥐 얘기를 했어요. 그러자 스님은 무엇인가를 알았다는 듯 고개를 끄덕이더니 돌이에게 말했어요.

"저기 앞에 보이는 산에 가면 조그마한 절이 하나 있을 거요. 그곳에 십 년 된 고양이 한 마리가 있으니 그 고양이를 데리고 집으로 돌아가시오. 그리고 고양이를 그 가짜 돌이에게 던져 보시오."

돌이는 스님이 시키는 대로 하기로 했어요. 부지런히 산길을 걷다 보니 정말로 작은 절이 하나 나타났어요. 돌이는 절에 계신 스님에게 고양이를 빌려서 집으로 돌아왔어요. 그러고는 담을 넘어들어가서 가지고 온 고양이를 가짜 돌이에게 던졌어요.

그러자 아주 신기한 일이 일어났어요. 자신만만하던 가짜 돌이는 온데간데없고, 쥐 한 마리가 겁을 먹고 부리나케 도망을 가기 시작했어요. 돌이가 절에서 공부할 때 버린 손톱을 가지고 사라

졌던 쥐가 오랫동안 돌이 행세를 해 왔던 거예요.

이렇게 해서 자신의 행세를 하던 쥐를 쫓아낸 진짜 돌이는 다시는 손톱을 깎은 후 마루 밑에 버리지 않았답니다.

어때요, 정말 끔찍한 일이지요? 어느 날 나랑 똑같이 생긴 사람이 나타나서 자기가 진짜라고 우긴다고 생각해 보세요. 더군다나 부모님이나 친구들이 그 가짜를 진짜 나라고 믿는다면 얼마나 억울할까요?

옛날에 어른들은 쥐가 사람으로 둔갑해서 재앙을 가져온다고 믿었어요. 그래서 돌이처럼 손톱을 깎아 함부로 버리면 쥐가 먹고 그 사람으로 둔갑한다는 말이 생겼던 거지요.

'쥐'하면 어떤 생각이 드나요? 미키마우스처럼 아주 귀여운 모습이 떠오르나요? 아니면 들쥐의 더럽고 징그러운 모습이 먼저 떠오르나요?

보통 쥐는 사람들에게 페스트 등의 무서운 병균을 옮기고 음식을 훔치면서 어두운 곳에서 살아요. 또한 생김새가 흉하고 작아서 간신이나 도둑과 같은 좋지 않은 의미로 생각되어 왔지요.

하지만 이런 쥐는 십이지의 첫 번째 동물이랍니다. '십이지'란 방위와 년, 월, 일 등의 시간을 쥐에서 돼지까지의 열두 동물에 연결시킨 열두 띠를 말해요. 그래서 사람들은 자신이 태어난 해에 따라 띠를 가지고 있지요.

그런데 나쁜 의미를 많이 가진 쥐가 어떻게 십이지의 첫 번째 동물이 되었느냐고요? 그것은 쥐가 좋은 점도 많이 가지고 있기 때문이에요.

쥐는 쉴 새 없이 움직이는 부지런한 동물이에요. 또한 먹을 것을 조금씩 모아 쌓아 두는 습성도 가지고 있어요. 그래서 '쥐띠 해에 태어난 사람은 부자가 된다', '쥐띠는 부지런하다' 등의 덕담이 있지요.

그뿐만 아니라 쥐는 신경이 예민해서 재난이 일어날 것을 미리 알아차리기도 해요. 그래서 어촌에서는 뱃길을 떠날 때 쥐가 배에서 뛰쳐나가면 고기잡이를 나가지 않는다고 해요.

십이지 가운데 쥐는 '자(子)'라고 해요. 자(子)가 나타내는 시간은 밤 11시에서 새벽 1시 사이이고, 음력 11월에 해당한답니다. 또한 방위로는 북쪽에 해당하고요.

쥐해에 태어난 사람 가운데 유명한 사람에는 신라의 첫 임금인 박혁거세, 삼국을 통일한 태종 무열왕, 한글학자 주시경, 화가 천경자, 그리고 세계적인 바이올리니스트인 정경화 등이 있어요. 이러한 쥐띠인 사람들의 특징은 매우 부지런하고 절약가라는 점이에요. 또 남들이 모르는 곳에서 노력을 많이 하고 참을성이 대단하다고 해요.

언뜻 보기에는 흉하고 작은 모습이지만 참 좋은 뜻도 많이 가지고 있지요?

백두 낭자·한라 도령과 함께 들어 보는 **우리 조상들의 신앙 이야기**

하늘과 잡신에게 지내는 제사 희생제의와 고사

우리 조상들은 세상의 모든 것에는 그것을 지키는 신이 있다고 믿었어요. 그래서 호랑이를 산신(산신령)으로, 말을 서낭신(한 마을을 지켜 주는 신)으로, 구렁이를 업(한집안의 살림을 늘게 해 준다고 믿는 복이 있는 동물이나 사람)으로 섬기기도 했어요. 또한 소는 조상을, 돼지는 재산을, 개는 주인 없는 귀신인 객귀의 상징으로 생각하기도 했고요.

그런데 이런 띠 동물들은 신앙의 대상이 되기도 하였지만, 동시에 희생 제물로 바쳐지는 경우가 많았어요.

옛날 사람들은 하늘이 모든 것의 주인이라고 생각했어요. 짐승 한 마리, 열매 한 개를 먹더라도 하늘의 신인 천신에게 용서해 달라고 빌어야 한다고 생각했지요. 그래서 짐승을 잡아 천신에게 바치는 제사를 지냈던 거예요. 이것을 '희생제의'라고 하지요.

하늘의 천신에 대한 제사인 희생제의예요~!

희생제의가 하늘에 대한 제사라면 고사는 장독대 신, 부뚜막 신과 같은 잡신에 대한 제사예요. 그래서 장소와 시간도 자유롭지요. 길거리, 바위, 강 등 자기가 믿는 신에게 아무 때나 특별한 형식 없이 지내면 되거든요.

　또한 고사는 새로운 일을 시작하거나 어떤 일이 더욱 잘 되기를 바랄 때에 지내기도 해요. 새로 가게를 차리거나 명절 때 떡과 술을 차려 놓고 지내는 고사 등은 요즘에도 주위에서 흔히 볼 수 있지요.

　그뿐만 아니라 병에 걸리거나 집안에 재앙이 있을 때에도 고사를 지내기도 했어요. 몸을 깨끗이 한 뒤 떡과 고기, 술, 과일 등을 집안 곳곳에 차려 놓고 촛불을 밝히고 소원을 빌었지요. 무당을 불러 굿을 하기도 했고요.

　이러한 희생제의나 고사는 하늘이나 어떤 특정한 신에게 의지함으로써 마음의 안정을 얻고, 제사를 지낸 뒤 사람들과 함께 음식을 나누어 먹으며 정을 나누는 데 큰 의미가 있었답니다.

고사의 또 다른 좋은 점은 사람들과 음식을 나누어 먹으며 정을 나눌 수 있다는 거예요.

· 성실하게 노력하는 ·
소띠

옛날, 어느 마을에 게으름뱅이 소년이 살고 있었어요. 소년은 밥 먹는 것마저도 귀찮아서 종종 굶어 버릴 만큼 무척 게을렀지요.

"이 녀석아, 그새 또 잠이냐? 도대체 먹고 나면 잠이니……. 이젠 지겹다, 지겨워!"

몹시 화가 난 어머니는 게으름뱅이 소년을 깨우면서 크게 야단을 쳤어요. 엄마의 화난 목소리에 겨우 잠에서 깨어난 소년은 투덜거리며 집을 나왔어요. 하지만 일하러 나가기는 정말 싫었지요. 그래서 논밭에서 일하고 있는 동네 어른들을 피해 뒷산으로 올라갔어요.

그런데 조금 올라가다 보니 풀밭에 누워서 쉬고 있는 황소 한 마리가 보였어요. 풀밭에 배를 깔고 엎드려 있는 소를 보니 한가롭고 평화로워 보였어요.

'저 소는 저렇게 누워만 있으니 얼마나 좋을까? 나도 소가 되었으면…….'

소년은 한없이 편해 보이는 소가 부러웠어요.

"소는 늦잠을 자도 야단치는 엄마가 없으니 얼마나 좋을까? 아, 나도 소가 되었으면 정말 좋겠다."

이번에는 아예 쭈그리고 앉아서 혼잣말을 했어요. 그런데 그때 소년의 뒤쪽에서 소리가 났어요.

"부스럭부스럭, 탕! 탕!"

소년은 궁금해서 소리 나는 쪽으로 다가갔어요. 그곳에서는 웬 노인이 열심히 무언가를 만들고 있었어요.

"할아버지, 지금 만드시는 게 뭐예요?"

"쇠머리 탈이란다. 이걸 쓰는 사람은 매일 먹고 자고 놀기만 하면서 살 수가 있지."

소년은 탈을 쓰기만 하면 놀고먹을 수 있다는 말에 노인을 조르기 시작했어요.

"할아버지, 제가 한번 써 보면 안 될까요? 제발 저에게 그 탈을 좀 씌워 주세요, 네?"

"정 그렇게 소원이라면 이 탈을 너에게 주마."

할아버지는 소년에게 쇠머리 탈을 씌워 주었어요. 그런데 소년이 쇠머리 탈을 머리에 쓰는 순간, 소년의 몸이 점점 변하기 시작했어요.

'어, 이게 어떻게 된 일이지? 내가 소로 변해 버렸어……. 할아버지, 할아버지!"

　소년은 당황해서 노인을 불렀지만 아무 소용이 없었어요. 소년의 입에서는 '음매, 음매' 하는 소리만 나올 뿐이었으니까요.
　노인은 소가 된 소년을 한 농부에게 팔아 버렸어요. 그리고 그 농부에게 이렇게 일렀어요.
　"여보게, 이 소는 무를 먹으면 죽고 만다네. 그러니 절대로 무는 먹이지 말게나."
　농부에게 팔려 온 소년은 그날부터 줄곧 일을 해야 했어요. 날이 새자마자 무거운 쟁기를 끌고 논이며 밭을 갈아야 했지요. 무더운 여름에도 날이 저물도록 온종일 일을 했어요. 잠시도 쉴 틈이 없었지요.

"농부 아저씨, 저는 소가 아니에요. 사람이라고요."

소년은 엉엉 울며 농부에게 간절히 애원했어요. 하지만 아무 소용이 없었어요.

소년은 온몸이 쑤시고 아파도 계속 일만 해야 하는 자신의 신세가 너무 괴로웠어요.

'아, 이젠 정말 지쳤어. 이럴 바엔 차라리 죽는 게 나아. 내가 다시 사람이 될 수만 있다면…….'

문득 소년은 무를 먹으면 죽는다던 노인의 말이 생각났어요. 그래서 밤이 되기를 기다렸다가 무밭에 들어가 무를 뽑아내어 마구 씹어 삼켰어요. 그러고는 곧 죽을 거란 생각에 눈물을 뚝뚝 흘렸어요.

그런데 이상한 일이었어요. 무를 먹고 한참이 지났는데도 아무 일이 일어나지 않는 거예요.

'무를 너무 조금 먹어서 그런가?'

소년은 다시 무를 뽑으려고 했어요. 그런데 이게 웬일일까요? 소가 되었던 소년이 사람의 모습으로 다시 변해 있었어요.

소년은 기쁨의 눈물을 흘리면서 자기가 살던 집으로 달려갔어요. 그리고 예전과는 다른 착하고 부지런한 아이가 되어 행복하게 살았답니다.

우리나라 옛말 중에는 '밥 먹고 바로 자면 소가 된다'는 말이 있어요. 일하기 싫어하고 잠자기만 좋아하던 게으름뱅이 소년도 소가 되었지요. 그런데 개나 닭도 있는데 왜 하필이면 소가 된다는 걸까요?

옛날에 소는 농사나 가정생활에서 꼭 필요한 가축이었어요. 농사를 짓기 위해 논이나 밭을 갈고, 무거운 짐을 옮길 때 달구지를 끄는 것도 소였지요. 또한 죽어서는 고기가 되어 사람들의 먹을거리가 되어 주었고요.

그래서 일을 하지 않고 먹고 놀기만 하면 벌을 받아서 다음 세상에는 소가 되어 평생 일을 하게 될 거란 의미에서 나온 말이랍니다. 즉, '게으름을 피우지 말고 열심히 일하라'는 교훈이 담긴 말이지요.

소는 거의 2천여 년 이상을 우리 민족의 생구로 살았어요. '생

구'는 한집에 사는 하인이나 머슴을 이르는 말이에요. 소를 생구로 여겼다는 것은 소를 거의 사람처럼 대접했다는 뜻이에요. 그만큼 소는 사람과 친한 동물이기도 해요.

농사를 주로 짓던 우리나라에서 소는 꼭 필요한 동물이었어요. 그래서 소는 최고의 재산을 나타내는 동물이기도 했지요.

소의 성격은 어리석음, 의로움, 성실함, 충성스러움 등으로 나타나요. 이런 소의 성격은 속담에도 잘 나타나 있지요.

'소에게 염불하기'라는 속담은 소의 어리석음을 나타내고, '소는 믿고 살아도 종은 믿고 못 산다'는 속담은 소의 충성스러움을 나타내지요. 또 '남의 집 금송아지가 내 집 송아지만 못하다'라는 말은 소가 최고의 재산이라는 뜻이에요.

십이지 가운데 두 번째 동물인 소는 '축(丑)'이라고 해요. 축(丑)이 나타내는 시간은 새벽 1시부터 3시 사이예요. 달로는 음력 12월에 해당하지요.

소는 한 곳에 앉아 있기를 좋아하지요. 소띠인 사람도 소와 같아서 행동이 좀 느리고 둔하다고 해요. 그래서 남들이 보면 답답하게 느껴질 때도 있지요. 하지만 입이 무겁고 마음이 굳세서 한 번 마음먹은 일은 끝까지 밀고 나간답니다. 행동이 느린 대신 성실한 편이지요.

이런 소의 특성을 가지고 태어난 사람들로는 한글을 만든 세종 대왕, 신라의 유명한 승려였던 원효 대사, 청산리 싸움을 승리로 이끈 김좌진 장군 등이 있어요. 또 유명한 소설가인 심훈, 시인 김동환, 성악가 오현명 등이 있답니다.

우리도 하고자 하는 일이 생기면 소처럼 굳세고 끈기 있게 끝까지 노력해서 꼭 이뤄내도록 해요.

백두 낭자·한라 도령과 함께 들어 보는 우리 조상들의 신앙 이야기

나무와 돌에 깃든 영혼 나무와 돌 숭배

　우리 조상들은 돌이나 나무를 신앙의 대상으로 삼아 섬기기도 했어요. 돌이나 나무를 신처럼 섬겼던 이유는 그곳에 신의 영혼이 깃들어 있다고 믿었기 때문이에요.

　처음에 돌은 지배자에 대한 맹세나 권위를 상징하는 수단으로 이용되었어요. 그러다가 점차 특이하게 생긴 큰 바위에 절을 하며 복을 빌기 시작했지요. 큰 바위나 돌에 불상을 새기거나 서낭당 앞에 돌무더기를 쌓아 두고 소원을 빌기도 했고요. 이러한 돌에 대한 믿음은 돌이 변하지 않고 영원하다는 생각에서 비롯되었답니다.

돌은 영원히 변하지 않을 것 같은 존재라서 신앙의 대상이 되었대요.

영원을 바라는 마음은 나무를 숭배하는 풍속으로 이어졌어요.

우리나라 시골에 가면 마을 입구에 오래 묵은 커다란 나무가 서 있는 경우가 많은데요. 이 나무는 마을 사람들이 모이는 장소로 종종 이용되었기 때문에 근처에 조그마한 정자를 지어 두고는 했어요. 그래서 이 나무를 '정자나무'라고도 하지요.

가을에 추수가 끝나고 나면 마을 사람들은 정자나무 앞에서 고사를 지내면서 마을의 평안을 기원했어요. 정자나무가 마을 사람들의 휴식처이자 신앙의 대상이었기 때문이랍니다.

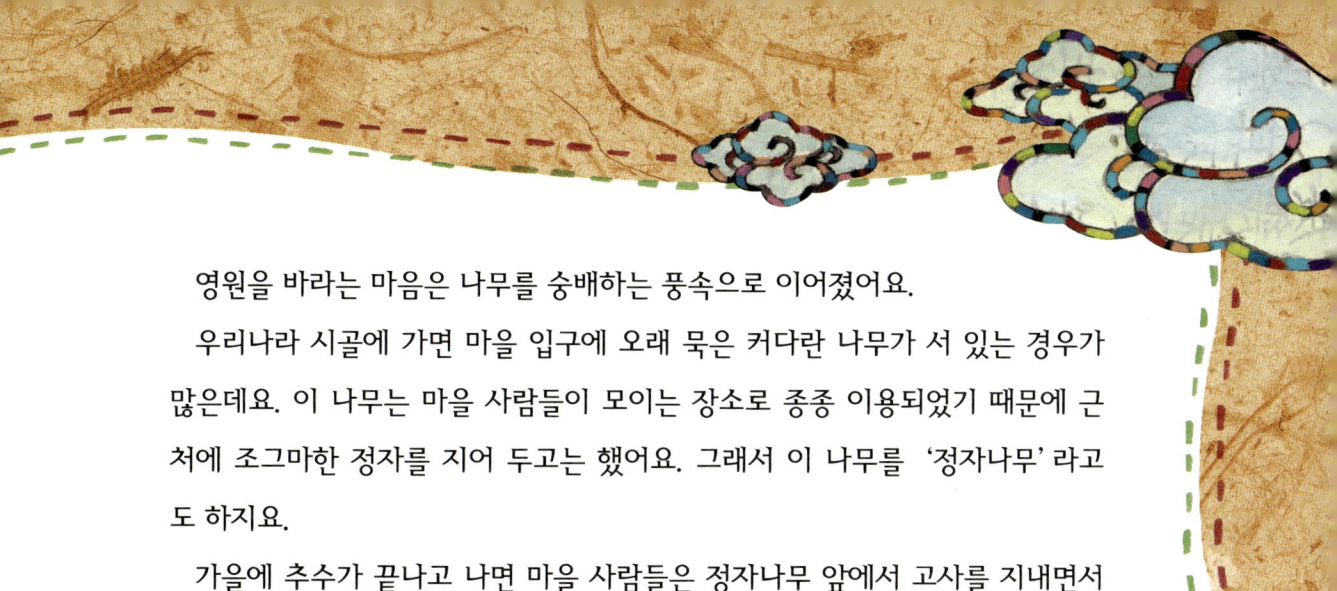

마을 사람들이 모이는 장소로 이용되는 정자나무예요~!

· 용기 있고 적극적인 ·
호랑이띠

"산중 호걸이라 하는 호랑님의 생일날이 되어 각색짐승 공원에 모여 무도회가 열렸네."

위의 노래에서도 알 수 있듯이 호랑이는 숲 속의 왕이에요. 언뜻 보기에도 늠름하고 용맹스러워 두려움의 대상이자 신처럼 받들어지는 동물이지요.

우리나라에서 호랑이는 사람을 지켜 주는 수호신이자, 온갖 질병과 재난을 막아 주는 능력을 갖춘 동물로 여겨져 왔어요. 또한 모험, 투쟁, 독립 등을 상징하는 동물로도 여겨져 왔고요. 용맹스러움과 강한 의지력으로 어려움을 이겨 나가는 멋진 동물이 바로 호랑이랍니다.

그럼 이러한 호랑이에 관한 옛 이야기를 한 편 들어 볼까요?

옛날 깊은 산골에 늙은 어머니와 아들이 살고 있었어요. 그런데 그 어머니는 몹쓸 병에 걸려 오랫동안 앓아누워 있었어요. 너무 가난해서 약도 못 쓴 채 그저 죽을 날만을 기다리고 있었지요.

하루는 어머니가 아들을 불러 놓고 말했어요.

"얘야, 내가 병든 지 오래 되어 이제 다시 일어나기는 틀린 것 같구나. 마지막으로 새빨간 홍시 하나만 먹어 봤으면 죽어도 한이 없을 것 같은데……."

아들은 어머니의 마지막 소원을 들어 드리기 위해 홍시를 찾으러 나섰어요. 하지만 온 산을 뒤져도 감나무라고는 한 그루도 보이지 않았어요.
　그러나 아들은 포기할 수 없었어요. 홍시를 먹는 것이 어머니의 마지막 소원인데 그걸 들어 드리지 못한다는 것은 자식 된 도리가 아니라고 생각했거든요. 그래서 봇짐을 둘러메고 발길 닿는 대로 걸어가 보기로 했어요.
　한참을 걷다 보니 날이 저물었어요. 주위를 둘러보며 조심조심 걷고 있는데, 깜깜한 어둠 속에서 난데없이 작은 불빛 두 개가 눈에 띄었어요.
　"으르렁, 으르렁"
　아들은 호랑이 소리를 듣고 나서야 그것이 호랑이 눈빛이라는 것을 알게 되었어요.
　'아, 어머니의 마지막 소원도 들어 드리지 못하고 이 산속에서 꼼짝없이 죽게 됐구나!'
　아들은 너무나 무서워서 소리도 지르지 못하고 와들와들 몸을

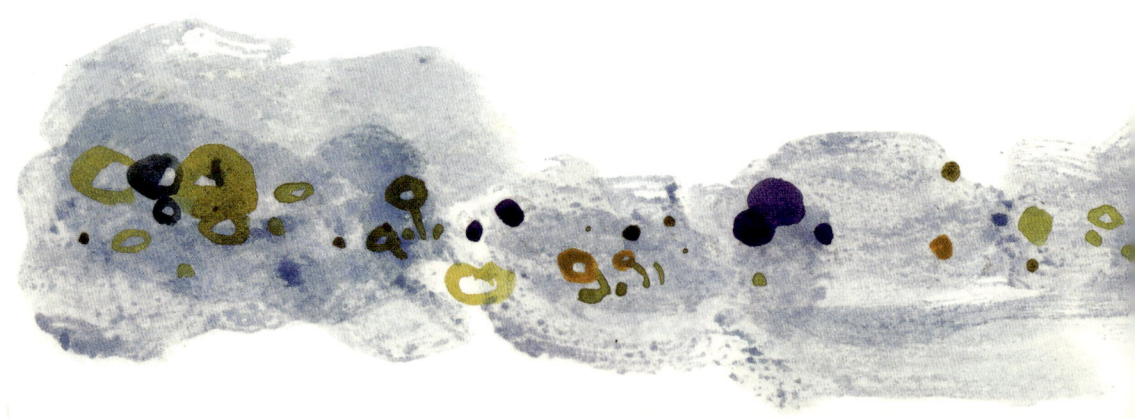

떨었어요. 너무 놀라서 눈물도 나오질 않았어요.

　그런데 호랑이는 아들을 향해 으르렁대기만 할 뿐 잡아먹으려는 기색은 보이지 않았어요. 자세히 보니 입을 딱 벌리고 무엇을 애원하는 것 같았어요.

　아들은 조심스럽게 호랑이의 입안을 살펴보았어요. 입안에는 큰 가시가 박혀서 피가 흐르고 있었어요. 아들은 곧 그 가시를 빼 주었어요. 그러자 호랑이는 아픈 것이 나았는지 꼬리를 흔들며 아들 앞에 엎드렸어요. 호랑이가 자기를 해치지 않을 거라고 생각한 아들은 서슴지 않고 호랑이 등에 올라탔어요.

그러자 호랑이는 번개같이 달려 어느 큰 기와집 문 앞에 아들을 내려놓았어요. 그러고는 고개를 들어 위를 가리켰어요. 기와집 담 안에는 빨간 홍시가 주렁주렁 매달려 있었어요.

반가운 마음에 대문을 두드리자 주인이 나왔어요. 주인은 아들의 사연을 듣고는 홍시를 얼마든지 가져가라며 큰 바구니를 내주었어요. 아들은 바구니 한가득 홍시를 딴 뒤 그 집을 나왔어요. 그리고 대문 앞에서 아들을 기다리고 있던 호랑이의 등에 다시 탔어요.

그러자 호랑이는 또다시 한참을 달려 어머니가 계신 초가집까지 데려다 주었어요.

아들은 얼른 방으로 뛰어들어가 어머니에게 홍시를 드렸어요. 어머니는 홍시를 맛있게 드시고는 조용히 눈을 감았어요. 호랑이는 아들과 함께 어머니의 죽음을 슬퍼했답니다.

호랑이에 관한 이야기에는 호랑이의 의로움이나 용맹스러움을 나타낸 것이 많아요. 호랑이는 죽은 동물이나 병든 동물, 임신한 사람, 문둥병을 가진 사람 등은 잡아먹지 않는다고 해요. 또 짐승도 던졌을 때 왼쪽으로 떨어지면 먹지 않는다는 얘기도 있어요. 그래서 호랑이는 신으로 대접받고 있는 것이지요.

호랑이는 또한 산신령이라고도 해요. 충청남도 청양 지방에는 '범놀이'가 있어요. 정월 대보름날 마을 사람들이 모여 풍년을 기원하는 놀이지요. 멍석을 뒤집어쓴 두 사람이 호랑이가 되어 마을의 집집마다 찾아다니는 놀이에요.

이때 집집마다 돌면서 "산신령 문안이요." 하고 소리치면 집주인이 나와 맞이하지요. 술과 음식이 나오면 호랑이가 춤을 추는데 마을 사람들도 함께 따라서 춤을 추며 밤새 흥겹게 놀아요. 이 놀이를 할 때 정성을 다하면 마을에 행운이 찾아오고, 그렇지 않으면 마을에 큰 재난이 일어난다고 전해지지요.

십이지 가운데 세 번째 동물인 호랑이는 '인(寅)'이라고 해요. 인(寅)이 나타내는 시간은 새벽 3시에서 5시 사이고, 음력 1월에 해당하지요.

호랑이는 띠 동물 가운데 가장 용감한 동물이에요. 그래서 호랑이해에 태어난 사람은 정의롭고 어려움을 잘 이기며 한 번 마음먹은 뜻은 끝까지 굽히지 않는 성품을 갖추고 있대요. 녹두 장군 전봉준, 일제 강점기 때 나라의 독립을 위해 일했던 안창호, 장애를 극복하고 우뚝 선 김기창 화백, 우리나라를 대표하는 시인 김소월, 이런 분들이 호랑이띠에 속한답니다.

또한 호랑이는 우리 민족을 대표하는 동물로 불리기도 하는데요. 그것은 우리 민족이 예로부터 많은 어려움을 겪었지만 씩씩하고 용기 있게 헤쳐 왔기 때문이에요.

나라가 위기에 처할 때마다 우리 민족만의 강인함이 나타나는 것은 우리의 가슴 속에 우리 민족을 대표하는 호랑이의 정신이 들어 있기 때문일 거예요.

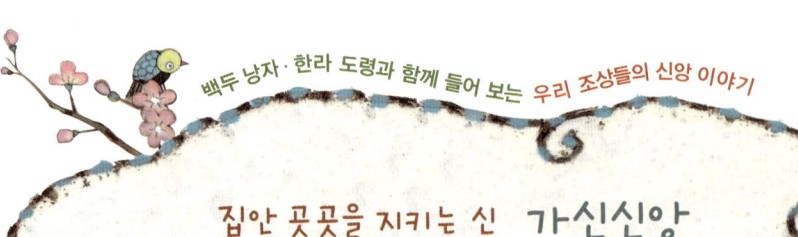

집안 곳곳을 지키는 신 가신신앙

백두 낭자·한라 도령과 함께 들어 보는 우리 조상들의 신앙 이야기

우리 조상들은 집안 곳곳에 그곳을 지키는 신이 있다고 믿었어요. 그래서 제사나 고사 등을 지내면서 집안의 평안과 가족의 행복을 기원했지요. 이것을 '가신신앙' 또는 '가정신앙'이라 하고, 가신들을 위하는 제사를 '안택제'라고 해요.

집안의 가신을 받들어 모시는 사람은 주부예요. 그 이유는 가신들의 대부분이 집안일과 관계가 있기 때문이에요. 그만큼 가신신앙은 가정적이고 개인적이며 복잡한 절차도 없고 형식도 없어요.

집안을 지켜 주는 가신에는 안방을 지켜 주는 조상과 삼신, 대청마루에는 성주, 부엌에는 조왕, 장독대에는 철륭, 측간에는 측신, 그리고 뒤꼍과 안뜰에는 터주와 업이 있어요.

대청마루에 있는 '성주'는 가신 가운데 최고의 신이랍니다.

먼저 '삼신'은 아이를 무사히 낳게 해 주거나 건강하게 자라도록 돌봐 주는 신이에요. '삼신할머니'라고도 불리지요. 그런데 삼신은 항상 집에 머무는 신이 아니라 필요할 때만 모시는 신이에요.

'성주신'은 '성주대감'이라고도 하는데, 가신 가운데 최고의 신이에요. 집안의 여러 신을 지휘하고 가족의 행복과 건강을 맡는 신이지요.

'조왕'은 부엌의 아궁이와 부뚜막을 맡고 있는 신이에요. 아궁이를 맡고 있어서 '화신'이나 '불신'이라고도 하지요.

'측신'은 화장실을 담당하는 신이에요. 그런데 항상 냄새나는 곳에 있어서인지 성질이 신경질적이고 사나운 것으로 알려져 있어요. 그래서 옛사람들은 밤에 화장실을 갈 때는 헛기침을 하고 조금 있다가 들어갔어요. 갑자기 들어가서 측신을 놀라게 하면 재앙이 온다고 믿었거든요.

이외에도 농촌에서 가장 중요한 재산이었던 소를 수호하는 신인 '쇠구영신', 우물이 마르지 않도록 하는 신인 '우물신' 등이 있답니다.

집터를 관리하는 신인 철륭은 장독대에 쌀을 담은 단지를 놓아 신체로 모신답니다~!

· 재치 있고 꾀가 많은 ·
토끼띠

오랫동안 굶은 호랑이가 산속에서 토끼를 만났어요.
배고픈 호랑이는 군침을 꿀꺽 삼키며 금방이라도 토끼에게 달려들 기세였어요. 이때 토끼가 재빨리 말했어요.

"호랑이 아저씨, 아저씨가 절 잡수시든지 말든지 맘대로 하세요. 하지만 이 구운 돌떡처럼 맛있는 걸 아저씨가 아시는지 모르겠어요. 제가 지금 막 맛을 보았는데, 너무 맛이 좋아 지금 죽어도 한이 없을 정도랍니다. 우선 이것부터 잡수어 보실래요? 참, 이 돌떡은 구워야 하니까 어서 장작을 좀 구해 오세요."

토끼의 말을 들은 호랑이는 장작을 구해 와서 불을 지피기 시작했어요. 그러자 돌들이 점점 빨갛게 달아올랐어요.

"어, 이제 보니 꿀이 빠졌네? 아저씨, 제가 마을에 가서 돌떡을 찍어 먹을 꿀을 얻어 올게요. 그동안 먼저 드시면 절대 안 돼요."

토끼가 가버리자, 호랑이는 더욱 배가 고파졌어요.

'이렇게 많은 돌떡 중에서 하나가 없어져도 토끼가 모르겠지?'

호랑이는 얼른 돌떡 하나를 집어서 꿀꺽 삼켰어요.

"앗, 뜨거워! 호랑이 죽는다!"

목이 타는 듯이 아파진 호랑이는 물속으로 들어가 쉴 새 없이 물을 마셔 댔어요.

몇 개월이 지난 뒤 갈대가 우거진 들에서 호랑이와 토끼는 다시 만났어요. 때마침 배도 고프고 지난번 일에 대한 복수도 하고 싶었던 호랑이는 날쌔게 토끼를 덮치려 했어요. 하지만 토끼는 당황하지 않고 말했어요.

"호랑이 아저씨, 사실 저는 세상사는 재미가 없어서 딱 죽고 싶었답니다. 그러니 겁날 게 없어요. 이왕에 죽을 바에야 아저씨께 선물 하나 할까요? 보시다시피 여기에는 참새 떼가 많아요. 제가 가서 참새 떼를 몰아 드릴 테니 아저씨는 머리를 젖히고 입을 딱 벌린 뒤 하늘만 쳐다보고 계세요. 아마 참새 떼들이 몰려와서 그걸 삼키기조차 바쁘실 거예요."

호랑이는 우선 참새를 먹고 토끼를 잡아먹기로 했어요. 그래서 토끼가 시키는 대로 입을 벌리고 하늘을 쳐다보고 있었어요.

잠시 후 사방에서 콩 볶는 듯한 소리가 들려 왔어요. 그 소리는 토끼가 갈대에 불을 질러서 나는 소리였지요. 그러나 멍텅구리 호랑이는 그 소리를 참새 떼들이 몰려오는 소리로 알았어요. 너무 뜨거워서 사방을 둘러본 뒤에야 호랑이는 자기가 불바다에 빠져 있다는 사실을 알았지요. 호랑이는 정신없이 달려서 겨우 목숨만 건질 수 있었답니다.

그 뒤 토끼와 호랑이가 다시 만난 것은 몹시 추운 겨울, 어느 냇가의 둑 위에서였어요. 토끼는 호랑이를 보자 얼른 꾀를 냈어

요. 자신의 몽톡한 꼬리를 냇물에 담그고 호랑이가 나타난 것도 모르는 척 가만히 있었어요.

"요 앙큼한 토끼야, 또 무슨 수작을 꾸미고 있는 게냐?"

"앗! 호랑이 아저씨, 이게 무슨 짓이에요? 아저씨 때문에 다 잡았던 물고기들을 놓쳤잖아요. 조금만 더 있었으면 물고기들이 제 꼬리에 다닥다닥 붙었을 텐데……. 에잇, 아까워라!"

호랑이는 토끼의 말에 또 속아 넘어갔어요.

"그래? 어떻게 하면 물고기를 많이 잡을 수 있는데?"

"제가 하는 대로 해 보세요. 참을성만 있으면 돼요. 물고기들은 반드시 떼를 지어 오거든요. 제가 아저씨의 길고 멋진 꼬리 쪽으로 물고기를 몰아 드릴 테니 제가 움직여도 좋다고 할 때까지 절대로 움직이지 마세요. 아셨죠?"

이렇게 말하고 토끼는 깡충깡충 뛰어서 멀리 도망가 버렸어요.

밤이 가까워지자 냇물이 얼기 시작했어요. 호랑이는 꼬리가 무거워지는 걸 느꼈지만 물고기가 다닥다닥 붙어서 그런가 보다고 생각하고 그대로 있었어요.

'그런데 토끼는 왜 아무 소식이 없는 거지? 꼬리가 묵직한 걸 보니 이만하면 된 것 같은데······.'

호랑이는 이제 그만 일어나야겠다고 생각했어요. 그런데 뒤를 돌아보니 꼬리가 두꺼운 얼음장 속에 갇혀 있지 뭐예요. 얼음을 깰 수도 없고 꼬리를 떼어 버릴 수도 없는 호랑이는 그냥 주저앉아 버렸어요. 그러다가 결국 아침 일찍 일어난 동네 청년에게 잡히고 말았답니다.

무서운 호랑이를 세 번씩이나 속인 토끼의 꾀가 대단하지요?

토끼는 작고 귀여운 생김새와 놀란 듯한 표정 때문에 약하고 착한 동물로 느껴지지요. 그리고 재빠른 움직임 때문에 영리한 동물로 여겨지기도 해요. 또한 '토끼 같은 자식'이란 말이 있을 만큼 우리에게 친근하고 사랑스러운 동물로 여겨지고 있고요.

옛날 사람들은 달을 보면서 방아를 찧고 있는 토끼의 모습을 상상했어요. 그리고 아름답고 풍요로운 세상을 꿈꾸었지요. 그 이유는 토끼가 만물의 성장과 풍요를 상징하기 때문이에요.

십이지 가운데 네 번째 동물인 토끼는 '묘(卯)'라고 해요. 묘(卯)는 음력 2월에 해당하고, 시간은 오전 5시부터 7시 사이를 나타내지요.

정월 첫 번째 묘일을 '토끼날'이라고 하는데요. 이날은 장수를 비는 날이에요. 토끼날에 새로 뽑은 실을 '톳실' 또는 '명실'이라고 하지요. 이 실을 차고 다니거나 이 실로 옷을 해 입으면 수명이 길어지고 재앙을 물리치게 된다고 해요.

하지만 토끼날에는 말과 행동을 조심했어요. 토끼가 깡충깡충 뛰는 모습이 방정맞아 보이기 때문이에요.

토끼띠는 열두 띠 가운데 가장 생기 있고 발랄한 띠예요. 그래서 토끼띠를 행운의 띠라고 하지요. 이런 행운의 띠를 가진 사람으로는 〈님의 침묵〉을 쓴 시인이자 승려인 한용운, 독립운동에 앞장섰던 안중근 의사, 신이 내린 목소리의 주인공 소프라노 조수미, 종두법을 개발해서 천연두를 몰아낸 지석영 박사 등이 있답니다.

백두 낭자·한라 도령과 함께 들어 보는 우리 조상들의 신앙 이야기

복은 들이고 재앙은 막는 신 문신신앙

　옛날 사람들은 문으로 나쁜 귀신이 들어올까 봐 두려워했어요. 문은 사람뿐만 아니라 살림살이는 물론 바람이나 귀신 등 모든 것이 드나드는 곳이라고 생각했거든요. 그래서 병이나 재앙을 가져오는 나쁜 귀신이 못 들어오도록 대문에다 무섭게 생긴 장군이나 호랑이, 용 등의 그림을 붙이기도 했지요. 이것을 '문배풍속'이라고 해요.

　재앙을 물리치는 방법으로는 현관문 위에 엄나무, 북어, 실타래 등을 매달아 두고 행운이 들어오기를 기원하는 방법도 있었어요. 이런 것들로 어떻게 재앙을 물리칠 수 있었느냐고요?

　엄나무 즉 가시나무는 귀신이 문으로 들어오기만 하면 가시나무로 두들겨 고통스럽게 해 주겠다는 뜻이에요.

복이 집 안으로 들어오기 쉽게 하려고 옛날의 문은 모두 안으로 열리는 여닫이문이었답니다.

나쁜 귀신이 밤낮으로 들어오는 것을 막기 위해 매달아 둔 북어예요~!

　북어는 북어의 눈이 사람의 눈과 같아서 사람을 대신할 수 있다는 생각에서 걸어 두었어요. 물고기는 잠을 잘 때도 눈을 감지 않기 때문에 북어가 나쁜 귀신들이 밤낮으로 들어오는 것을 막아 준다고 믿었던 거지요.
　실타래는 나쁜 귀신을 꽁꽁 묶어 버리겠다는 위협을 의미하고 있어요. 또 집안이 실처럼 길게 번영하라는 의미도 있지요.
　또한 우리나라의 문은 대문과 창문 모두 안으로 열리는 여닫이문이에요. 복이 집 안으로 들어오기 쉽게 하기 위해서였지요. 입춘날 소원을 담은 글이나 '입춘대길'이라고 쓴 글자를 붙이는 것도 대문으로 복이 들어온다고 믿었기 때문이에요. 그뿐만 아니라 들어온 복을 잘 지키기 위해서 비질은 항상 대문을 등지고 안쪽을 향해서 했답니다.

· 자신감 있고 꿋꿋한 ·
용띠

'이만하면 되겠다. 좀 쉬어갈까?'

지게 한가득 나무를 묶은 총각이 땀을 닦으며 쉬고 있었어요. 그때였어요.

"부스럭, 부스럭."

낙엽을 헤치며 큰 구렁이 한 마리가 나타났어요. 총각은 깜짝 놀라 뒤로 움찔 물러났어요.

"놀랄 것 없어. 나는 용이 되려고 이 산에서 기도를 하고 있단다. 나를 좀 도와주지 않을래? 그러면 나도 너를 도와주마."

총각은 구렁이의 친구 같은 말투에 마음이 조금 놓였어요.

"나더러 뭘 도와 달라는 거야?"

"용이 되려면 천 명의 똥을 먹어야 해. 그것도 이제 막 누어 따끈한 처녀의 똥이라야 되지. 난 오늘까지 구백구십구 명의 처녀 똥을 먹었는데, 나머지 한 명의 똥을 구하기가 너무 어려워."

총각은 구렁이의 얘기가 너무나 우스웠어요. 용이 되는 데 똥이 필요하다니 황당했지요.

"그럼 우리 집으로 가자. 우리 앞집에 처녀가 사는데 그 처녀는 아침마다 자기 집 뒤꼍에 와서 똥을 눈단다. 그런데 담이 낮아서 우리 집에서 다 보여. 우습지 않니? 다 큰 처녀가……. 하하하!"

구렁이는 총각네 집으로 왔어요. 그러고는 처녀의 집 뒤꼍으로 가서 날이 새기를 기다렸어요. 이제 조금 있으면 용이 될 수 있다고 생각하니 구렁이의 가슴은 막 부풀어 올랐어요.

마침내 새벽이 되자, 한 처녀가 급하게 뒤꼍으로 뛰어오더니 똥을 누었어요. 구렁이는 똬리를 스르르 풀고 처녀의 똥을 먹기 시작했어요. 그러자 기운이 솟으며 용이 되었어요.

"네 덕분에 난 용이 되어 하늘로 올라갈 수 있게 되었어. 자, 이제 네 소원을 말해 봐. 무엇이든 들어줄게."

"내 소원은 장가를 가는 거야."

"맞다, 너는 총각이었지? 그러면 장가들고 싶은 색싯감이라도 있는 게야?"

"웃지 마. 바로 조금 전에 똥을 누고 간 그 처녀야. 하지만 처녀의 아버지가 나 같은 사람은 상대도 하지 않아."

"그래? 걱정하지 마. 넌 내가 시키는 대로만 하면 돼."

용은 총각에게로 바짝 다가가서 귀엣말을 했어요. 그러고는 우렁찬 소리를 지르며 하늘로 날아갔어요.

총각은 얼른 산으로 올라갔어요. 그리고 꿩 깃 세 개를 주워서 집으로 돌아왔어요.

다음 날 아침, 총각은 용이 일러준 대로 앞집 처녀가 똥을 누자 얼른 담을 넘어가서는 처녀의 똥 무더기에다 꿩 깃 세 개를 꽂아 두었어요.

그러자 처녀의 엉덩이에서 괴상한 소리가 나기 시작했어요.

"끼익, 끽, 끄르르."

마치 꿩 소리 같은 이 소리는 처녀가 걸을 때마다 났어요. 처녀의 집은 난리가 났지요. 주위에서 용하다는 의원을 몰래 불러서 병을 고쳐 보려고 했지만 아무 소용이 없었어요.

하는 수 없이 처녀의 집에서는 방을 붙이기로 했어요. 누구든지 딸의 병을 고치는 사람은 사위로 삼고 재산의 절반을 주겠다는 내용이었어요.

방이 붙자 여러 총각이 몰려 왔어요. 하지만 모두 허탕이었어요. 뒷집 총각은 속으로 기뻐했어요.

그렇게 며칠이 지난 어느 날, 뒷집 총각이 처녀의 병을 낫게 해보겠다고 나섰어요. 총각은 처녀의 방으로 들어가서 처녀의 두 발을 한참 주물렀어요.

"내일 아침에 한번 걸어보세요. 그러면 '끼익' 소리는 나지 않을 거예요."

 밤이 되자 총각은 처녀의 똥 무더기에 꽂아 둔 꿩 깃을 하나 뽑아 버렸어요. 그러자 처녀의 엉덩이에서는 '끽, 끄르르' 소리만 났어요.
 다음 날도 총각은 처녀의 다리를 주무르고 나왔어요. 그리고 밤이 되자 꿩 깃 하나를 더 뽑아 버렸어요. 그러자 이번에는 처녀의 엉덩이에서 '끄르르' 하는 소리만 났어요.
 그렇게 삼 일이 지나자 처녀의 병은 모두 나았어요. 총각은 가벼운 발걸음으로 처녀네 집에 갔어요. 하지만 처녀의 아버지는 약속을 지키지 않았어요.

"병을 고쳐 준 대가는 얼마든지 주겠네. 하지만 아무것도 없는 자네에게 내 귀한 딸을 줄 수는 없네."

총각은 하는 수 없이 처녀의 집을 나왔어요. 그러나 걱정은 하지 않았어요.

그리고 다음 날, 총각은 처녀의 똥 무더기에다가 다시 꿩 깃 세 개를 꽂아 두었어요.

그러자 앞집에서는 난리가 났어요. 처녀의 엉덩이에서 또다시 이상한 소리가 나기 시작했거든요. 처녀의 부모는 총각에게 와서 사정을 했어요.

이렇게 해서 총각은 처녀의 병을 고쳐주고 처녀와 혼인도 하게 되었답니다.

십이지의 다섯 번째 동물인 용은 '진(辰)'이라고 해요. 진(辰)은 시간으로는 오전 7시에서 9시 사이를 나타내고, 달로는 음력 3월에 해당하지요.

용은 상상의 동물이에요. 그래서 신비롭고 생김새도 특이하지요. 용은 수사슴의 뿔, 머리는 낙타, 눈은 토끼, 목은 뱀, 배는 조개, 비늘은 잉어, 발톱은 독수리, 발바닥은 호랑이, 귀는 암소의 모습이라고 해요.

이렇게 생긴 용은 힘이나 권력을 상징해요. 그래서 왕의 얼굴을 '용안', 왕의 옷을 '곤룡포', 왕이 앉는 곳을 '용상'이라고 부르기도 했지요.

옛이야기에서 많이 나오는 용은 인간에게 신비한 힘을 주어 나라를 구하게 하거나 은혜를 베푸는 좋은 동물이에요. 그래서 예부터 꿈도 용꿈을 최고의 꿈으로 꼽았지요. 용꿈은 세상에서 이름을 크게 날리는 것이나 위대한 인물의 탄생, 큰 경사와 관계가 있답니다.

용해에 태어난 용띠는 모험을 좋아하고 언제나 자신감이 넘친대요. 그리고 마음이 넓고 자존심이 강하다는군요.

용띠인 사람에는 조선 시대의 흥선 대원군, '소'를 그린 이중섭 화가, 인도 기행문인 〈왕오천축국전〉을 쓴 혜초 스님, 〈무정〉이란 소설로 잘 알려진 소설가 이광수 등이 있답니다.

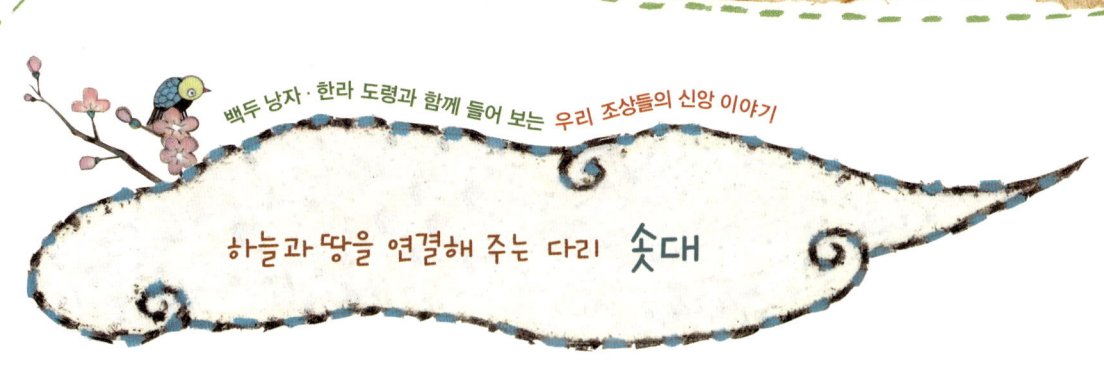

백두 낭자 · 한라 도령과 함께 들어 보는 우리 조상들의 신앙 이야기

하늘과 땅을 연결해 주는 다리 솟대

솟대란 긴 장대 끝에 나무로 만든 새 모양을 얹어놓은 것을 말해요. 주로 마을의 입구에 세워두는데, 솟대가 서 있는 곳을 솟대 배기, 수살목, 진또배기라고 부르지요.

우리 조상들이 이러한 솟대를 세운 이유에는 세 가지가 있어요.

첫째는 개인이나 가정의 복을 빌기 위해서, 둘째는 마을의 풍년과 평안함을 빌기 위해서, 셋째는 마을의 경계를 표시하기 위해서예요. 솟대를 세워두면 잡귀와 부정을 막을 수 있어 이 모든 것들이 가능하다고 믿었지요.

땅에 사는 사람들의 소원을 하늘에 있는 신에게 전달하기 위해 세웠대요.

또한 솟대를 가리켜 하늘과 땅을 연결해 주는 다리라고도 하는데요. 솟대가 땅에 사는 사람들의 온갖 소원을 하늘에 있는 신에게 전달해주는 상징물이기 때문이랍니다.

그런데 왜 하필이면 새 모양을 얹어 놓았느냐고요?

새는 하늘과 땅을 자유롭게 날아다니는 생물이면서 풍요를 뜻하기도 했어요. 벼농사를 짓는 농부들에게 있어 새는 비를 몰아다 주는 농경의 수호신이었거든요. 솟대에 얹어 놓은 새는 보통 오리, 기러기 등 물새나 철새인데, 특히 오리가 많았어요. 오리는 농사짓는 데 꼭 필요한 물을 상징하기 때문에 솟대에 얹어 마을의 풍요를 기원하게 된 것이지요.

솟대는 마을 입구에 혼자 서 있기도 하지만 대개는 장승과 함께 세워지는데, 이럴 때 솟대는 장승보다 아래에 있는 신으로 섬겨졌답니다.

솟대 위에는 보통 물을 상징하는 오리를 얹어 놓았어요.

· 단정하고 붙임성 있는 ·
뱀띠

따리를 틀고 있는 뱀의 모습을 한번 상상해 보세요.
무섭고 징그럽지요?

뱀은 생김새 때문에 사람들이 징그러워하고, 독이 강해서 두려워하는 동물이에요. 서양에서도 '악마의 심부름꾼'이라고 할 만큼 불길하고 나쁜 것을 상징하기도 하지요.

하지만 우리나라에서는 구렁이가 세월이 지나면 용이 된다고 믿거나 집을 지켜 주는 수호신이라고 믿기도 했어요. 특히 '업구렁이'라고 해서 뱀을 신으로 모시기도 하지요.

'업'이란 집안 살림이 그의 덕이나 복으로 늘어 간다고 믿고 소중히 여기는 동물이나 사람을 가리키는 말로, 구렁이가 가장 대표적인 동물이지요. 그래서 업단지를 만들어 뱀을 신으로 모시기도 했답니다. 업단지는 살림을 늘게 해 주는 신을 모시는 단지로, 주로 쌀이나 돈을 넣어 두었어요. 그렇게 해두면 부자가 된다고 믿었던 거지요. 이처럼 뱀은 '재물'과 '풍요'를 상징하는 동물이기도 해요.

뱀은 십이지 가운데 여섯 번째 동물로서 '사(巳)'라고 해요. 사(巳)에는 '식물이 싹이 터서 한참 자라는 시기'라는 의미가 담겨 있어요. 오전 9시에서 11시 사이의 시간을 나타내고, 달로는 식물들이 한참 물오른 때인 음력 4월을 나타내지요.

뱀띠인 사람은 보통 겉모습이 단정하고 행동이 바르다고 해요. 또 붙임성이 있어서 사람들과 쉽게 친해지고 스스로 일을 해결하는 재주도 가지고 있대요.

그러면 뱀해에 태어난 유명한 사람에는 누가 있을까요? 거북선을 만든 이순신 장군, 중국에서 목화씨를 들여온 문익점, 애국가를 작곡한 안익태, 프로 바둑 기사 조훈현, 세계적인 지휘자 정명훈 등이 모두 뱀띠랍니다.

뱀에 관한 이야기 중에는 뱀이 복수하는 얘기나 뱀이 사람으로 변신해서 해를 입히는 이야기가 많아요. 하지만 다음과 같은 이야기도 있어요.

옛날 평안도 맹산에 마음씨 좋고 남에게 베풀기를 좋아하는 사람인 이 부자가 살고 있었어요.

하루는 이 부자네 집에 큰 잔치가 있었어요. 이 부자의 아버지가 환갑을 맞이했거든요.

"애, 돌쇠야! 이 술 항아리를 곳간으로 옮겨라."

"끝순아, 어디 있니? 내일 손님 맞을 준비는 다 됐니?"

이 부자네 집은 내일 있을 잔치 준비로 무척 바빴어요. 밤이 이

슥해서야 이 부자네 집은 겨우 조용해졌어요.

"나리! 큰일 났습니다! 좀 나와 보세요."

이른 새벽, 이 부자는 돌쇠의 다급한 목소리에 잠이 깼어요.

"무슨 일인데 새벽부터 이리도 소란스러운 게냐?"

"나리! 글쎄, 큰 술 항아리에 구렁이가 들어 있습니다요."

"아니, 뭐라고? 술 항아리에 뱀이 빠져 있다고?"

이 부자는 신발도 제대로 신지 못한 채 곳간으로 달려갔어요.

"아니, 이럴 수가……. 이를 어찌한단 말이냐?"

술 항아리 속에는 돌쇠의 말대로 정말 구렁이가 들어 있었어요. 뚜껑을 꼭 닫아 두었던 항아리에 구렁이는 도대체 어떻게 들어간 걸까요?

이 부자와 돌쇠는 너무나 뜻밖의 일이라 서로 얼굴만 쳐다보고 있었어요.

　날이 밝자, 여기저기서 이 부자네 집을 찾아왔어요. 동네 사람들은 물론이고 이웃 마을에 사는 아이들이며 떠돌이 거지까지 모여들어서 이 부자네 집은 순식간에 앉을 자리가 없을 정도로 붐볐어요.
　"나리, 우리에게도 술을 좀 주십시오."
　산 너머 다리 밑에서 산다는 문둥이들도 찾아와서 술을 달라고 했어요.

"미안하오. 내가 자네들에게 술을 주기 싫어서가 아니고 어쩔 수 없는 사정이 생겨서 술을 줄 수가 없게 되었소."

"아니, 지금 우리가 문둥이라고 차별하는 겁니까?"

"그런 게 아니오. 내가 오늘 손님들에게 넉넉히 대접하려고 술을 많이 담갔다오. 그런데 가장 큰 술 항아리에 뱀이 들어가서 먹을 수가 없게 되었지 뭐요. 안 그래도 지금 술이 모자라서 야단이라오."

"뱀이 술 항아리에 빠졌다고요? 어디 한번 보지요."

이 부자는 문둥이들에게 구렁이가 빠져 있는 술 항아리를 열어 보였어요. 그런데 문둥이들은 아무렇지도 않은 표정으로 이 부자에게 말했어요.

"우린 괜찮으니 이 술이라도 주세요."

"아니, 그럴 순 없소. 어떻게 내가 먹지 못하는 것을 남에게 줄 수가 있단 말이오?"

"걱정하지 마십시오. 그냥 뱀을 걸러 낼 보자기 하나랑 큰 체 하나만 주십시오."

코가 삐뚤어진 문둥이가 나서면서 체와 보자기를 얻었어요. 그러더니 술 항아리에서 뱀을 건져 내고는 술을 나누어 마시려고 했어요. 하지만 이 부자는 손님들에게 그 술을 먹이는 것이 영 마음에 내키지 않았어요.

"여보게, 자네들이 정 그렇다면 내가 먼저 한 모금 먹어 본 뒤에 마시도록 하시게."

이 부자는 자신이 먼저 술을 한 모금 먹어 본 뒤에 그들에게 나누어 주었어요. 문둥이들은 술과 음식을 맛있게 먹었어요.

어느덧 한 해가 흘렀어요. 추수를 끝낸 어느 날, 여러 명의 사내들이 이 부자네 대문을 두드렸어요.

"뉘시오?"

"나리, 그간 편안하셨습니까?"

"예, 그런데 누구 신지······."

"우리는 작년 나리 댁 잔치에 왔던 사람들입니다."

사내들은 이 부자에게 넙죽 절을 하고는 엽전 꾸러미를 내놓았어요.

"아니, 왜 내게 절을 하는 겁니까? 이 돈은 또 뭐고요. 도무지 무슨 까닭인지······."

"혹시 작년에 뱀이 빠졌던 술을 먹고 갔던 문둥이들을 기억하

십니까? 우리가 바로 그 문둥이들입니다."

"예? 그게 무슨 말씀입니까?"

이 부자는 자신을 찾아온 사람들이 문둥이라고 하기에는 너무 말쑥한 모습이어서 그 말이 믿기지 않았어요.

"우리는 이 집에서 얻어 간 뱀술을 사흘 동안 마셨습니다. 그런데 시간이 지나면서 이상한 일이 일어났지 뭡니까? 몸 여기저기에 났던 상처가 아물기 시작하더니 지금처럼 말끔하게 나았답니다. 그래서 우리는 다른 사람들처럼 농사도 짓고 장사도 해서 돈을 벌 수 있게 되었지요. 모두가 그 뱀술 덕분입니다."

이 부자는 그제야 이해가 되었어요.

"아버님의 환갑날 술독에 빠졌던 뱀이 조화를 부렸나 보구려. 뱀이 영물은 영물인가 보오. 절은 내가 받을 게 아니라 그 뱀이 받아야 할 것 같소."

뱀술을 먹고 문둥병이 말끔히 나았다는 소문은 사람들의 입을 타고 전국으로 퍼졌어요. 그래서 그때부터 뱀술이 병에 효험이 있다고 믿게 되었답니다.

마을을 지켜 주는 수호신 서낭신앙

옛날에 우리 조상들은 마을 어귀나 고갯마루에 서낭당을 세워 두었어요. 서낭당은 서낭신을 모신 곳인데, 보통 덕이 있는 조상이나 마을을 처음으로 만든 사람을 신으로 모셨지요.

서낭당 안에는 무당이 굿을 할 때 쓰이는 도구들과 옷이 있어요. 그리고 그 옆에는 신성한 나무를 뜻하는 신수라는 나무가 있지요. 신수에는 금줄이 걸려 있거나 오색 헝겊을 걸어 두었는데 이런 풍습을 '물색'이라고 해요.

또한 당집 앞에는 높다랗게 쌓아 올린 돌무더기가 있는데, 이 돌무더기는 무기로 쓰기도 했어요. 옛날부터 우리나라는 개인이 무기를 가지고 있지 못하게 했어요. 그래서 백성은 도둑이나 외적이 침입했을 때 마을과 자신을 지킬 만한 방법이 없었

서낭신을 모신 서낭당이에요.

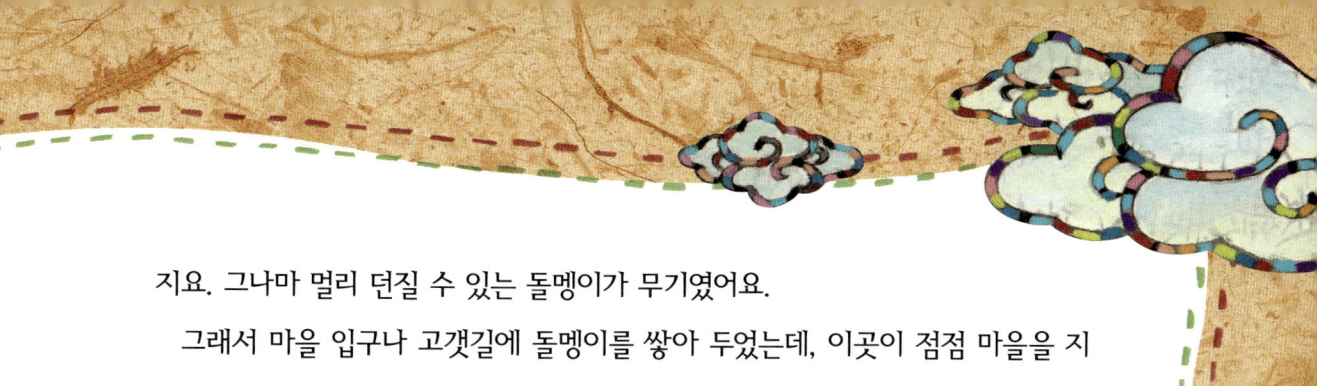

지요. 그나마 멀리 던질 수 있는 돌멩이가 무기였어요.

그래서 마을 입구나 고갯길에 돌멩이를 쌓아 두었는데, 이곳이 점점 마을을 지키는 장소가 되었지요. 그러다 보니 사람들은 그곳에 마을을 지키는 신이 있다고 믿게 되었고 작은 집을 지어 모시게 된 것이랍니다.

우리 조상들은 서낭당을 지날 때 돌 세 개를 얹고 침을 세 번 뱉고 지나가면 재수가 좋다고 믿었어요. 특히 나그네는 돌무더기에 돌 세 개와 솔개비를 얹어 놓고 침을 세 번 뱉은 다음 여행의 안전과 행운을 기원하기도 했어요. 또한 무병장수를 빌거나 병을 고치기 위해 명절이나 새해에 제사를 지내기도 했지요.

이렇게 서낭당은 마을을 지키고 나쁜 것을 없애 주며 소원을 이루어 주는 곳으로 자리 잡게 되었답니다.

서낭당에 있는 돌무더기는 도둑이나 외적이 침입했을 때 마을이나 자기 집을 지키기 위해 무기로 썼대요~!

· 정열적이고 자유로운 ·
말띠

'우와, 저것 좀 봐. 나도 저렇게 멋진 말을 타고 드넓은 벌판을 달려 봤으면…….'

긴 목, 쭉 뻗은 다리, 아름답게 늘어진 꼬리, 늘씬한 몸매. 이런 말을 타고 달리는 모습을 한 번쯤 상상해 본 적이 있지요?

말은 멋진 모습만큼이나 좋은 의미를 많이 가지고 있답니다. 십이지 가운데 일곱 번째 동물인 말은 '오(午)'에 해당해요. 오(午)가 나타내는 시간은 오전 11시에서 낮 1시 사이예요. 계절은 음력 5월인 여름을 나타내고요.

말해에 태어난 사람은 태양처럼 아주 강한 성격을 가졌대요. 좋아하는 것과 싫어하는 것이 분명하고 모든 일에 정열적이라고 해요. 또한 명랑한 성격에 재치도 있으며, 남에게 지기를 싫어해서 목표가 정해지면 쉴 새 없이 달리는 면도 있대요. 달리는 말과 같이 무엇에 얽매이는 것을 싫어하고, 급하고 고집스러운 면도 있고요.

말띠인 사람에는 추사체로 이름을 날린 김정희, 우리나라 최초의 신부인 김대건, 독립 운동가 조만식 등이 유명하지요.

보통 말띠는 쥐띠와 반대되는 성격을 가졌다고 해요. 쥐띠는 아껴서 저축하는 성격이지만 말띠는 무엇이든 한꺼번에 이루려는 사람이 많거든요. 말띠인 사람과 쥐띠인 사람의 성격이 다른 이유는 말과 쥐가 나타내는 시간이 서로 정반대이기 때문이에요.

빈 종이에다 원을 크게 그리고 시간을 표시해 보세요. 그리고 지금까지의 동물들이 가리키는 시간을 적어 넣어보세요. 어때요? 말과 쥐가 같은 곳에 표시되지요? 하지만 나타내는 시간은 낮과 밤이니까 정반대이지요.

또한 말은 남쪽 방향을 나타내기도 해요. 집의 문은 남쪽을 향해야 한다는 어른들의 말씀을 들어 본 적이 있나요? 남쪽은 활짝 열린 곳을 가리키지요. 그래서 말띠인 사람은 비밀이 없고 아주 솔직하대요.

자, 그럼 말이 어떤 의미들을 가지고 있는지 이야기를 통해 살펴볼까요?

이 이야기는 아주 먼 역사 속으로 거슬러 올라가 경상북도의 어느 한 지방에서 시작되요.

신라가 세워지기 전에는 지금의 경주시와 월성군을 진한이라고 불렀어요. 진한에는 여섯 부족이 있어서 각각 촌을 이루고 있었어요. 양산촌, 고허촌, 대수촌, 진지촌, 가리촌, 고야촌은 각기 다른 촌장이 다스렸지요.

그런데 같은 지방을 각각 나누어 다스리려니까 복잡하고 불편한 일이 많았어요. 그래서 촌장들은 늘 훌륭한 왕이 나타나길 기도했지요.

어느 날 고허촌의 촌장이 남산에 올라가서 마을을 내려다보고 있었어요. 그런데 그때 하늘에서 다섯 가지의 이상한 기운이 산 서쪽에 있는 나정샘으로 비치고 있었어요. 촌장은 너무나 이상해서 다른 촌장들과 함께 나정샘으로 가 보았어요.

"아니, 이럴 수가?"

나정샘 가에서는 믿기 어려운 일이 벌어지고 있었어요. 새하얀 말 한 마리가 꿇어 앉아 있었거든요. 그 말은 촌장들을 둘러보더니 하늘로 날아 올라갔어요. 그런데 말이 꿇어앉아 있던 곳을 살펴보니 자주색의 큰 알이 있지 뭐예요.

촌장들은 두근거리는 가슴을 가라앉히고 힘을 모아 알을 옮기려고 했어요. 그런데 자주색 알이 조금씩 움직이더니 깨지기 시작했어요. 촌장들은 너무 놀라 알에서 멀리 떨어졌어요.

얼마 지나지 않아 그 알 속에서 사내아이가 나왔어요. 촌장들

은 그 아이를 동천이라는 샘에서 목욕시키고 박혁거세라는 이름을 지어 주었어요.

아이는 건강하고 지혜롭게 자랐어요. 그리고 신라의 첫 시조 임금님이 되었답니다.

이 이야기는 신라를 세운 박혁거세 임금님의 신화에요. 말이 하늘을 날고 사람이 알에서 태어났다니 잘 믿기지 않지요?

옛날에 우리 조상들은 흰 말이 이야기 속에 등장하는 말처럼 하늘을 나는 신기한 능력을 가지고 있다고 믿었어요. 그래서 하늘을 나는 천마는 옥황상제가 타고 다녔다고도 생각했지요. 또한 흰 말은 인간이 사는 땅과 하늘을 연결하는 신성한 동물이라고 생각했어요. 그래서 한 나라를 세울 새로운 임금의 탄생을 알리는 역할도 한다고 믿었지요.

혼례 풍속에서 신랑이 말을 타고 신부 집에 가는 것을 본 적이 있지요? 그 이유는 말이 남자를 상징하기도 하고 신성하고 좋은 의미를 갖고 있기 때문이에요.

말은 전쟁에서 큰 활약을 하기도 해요. 훌륭하고 용감한 무사를 태우고 전쟁터를 달리는 말의 모습은 늠름하고 멋지지요. 그래서 말은 씩씩한 무사나 벼슬을 나타내기도 한답니다.

또한 말의 날은 좋은 날, 즉 길일이라고 해서 이날에 장을 담그면 맛이 좋다고 해요.

특히 10월의 말의 날에는 말을 위해 고사를 지내는 풍속도 있었어요. 팥 시루떡을 만들어 외양간에 놓고 신에게 말의 건강을 비는 기도를 드렸지요. 이런 풍속을 보면 말을 가축 가운데 가장 귀하게 여겼다는 것을 알 수 있답니다.

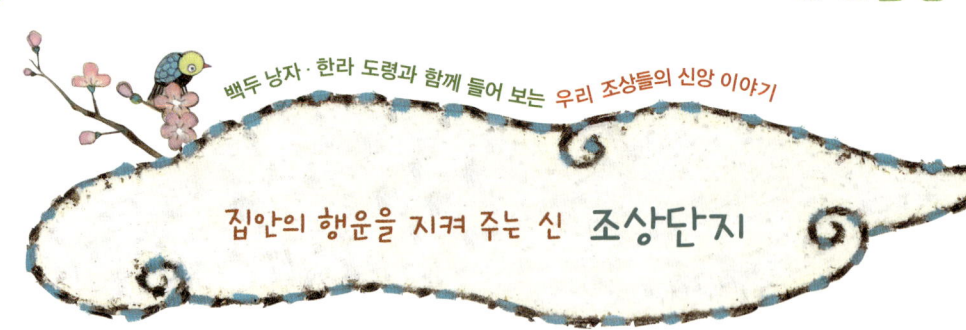

백두 낭자 · 한라 도령과 함께 들어 보는 우리 조상들의 신앙 이야기

집안의 행운을 지켜 주는 신 조상단지

'조상단지'는 가문의 상징이자 집안의 행운을 지켜 주는 신이에요. 예부터 집안의 계통을 잇는 장손 집에는 조상단지가 반드시 있어야 했어요. 이것 없이는 가문을 잇는 자손이라고 할 수 없었거든요. 그래서 혹시 분가하여 자녀를 낳게 되면 무당굿을 하고 새로 조상단지를 만들었지요.

조상단지는 지역에 따라 명칭도 다르고 모시는 장소도 달라요. 경상북도에서는 세존단지, 경기도 지방에서는 제석단지, 충청남도에서는 조상님이라고 부르지요. 또한 조상단지를 모시는 장소는 주로 주택의 가장 중앙이 되는 대청마루로 하는 것이 대부분이지만 안방이나 곳간에 두기도 했답니다.

조상단지는 곡식을 넣어 둔 큼지막한 항아리를 말한답니다~!

조상단지에는 보통 곡식을 넣어 두는데, 대개 추석이 끝난 10월경에는 이 속에 들어 있는 묵은 곡식을 꺼내고 햇곡식으로 갈아 넣었어요.
　이때 묵은 곡식에 곰팡이가 슬어 있거나 썩어 있으면 집안에 불길한 일이 다가온다고 믿었대요. 반대로 꺼낸 곡식이 깨끗하면 집안에 좋은 일이 생기며 풍년이 들 거라고 믿었고요. 그래서 곡식을 넣을 때는 온갖 정성을 다했어요. 곡식을 잘 말리고 한지를 씌우고 잘 묶어 두었지요. 그리고 여기에서 꺼낸 묵은 곡식은 밥을 지어 가족들끼리만 먹었답니다.

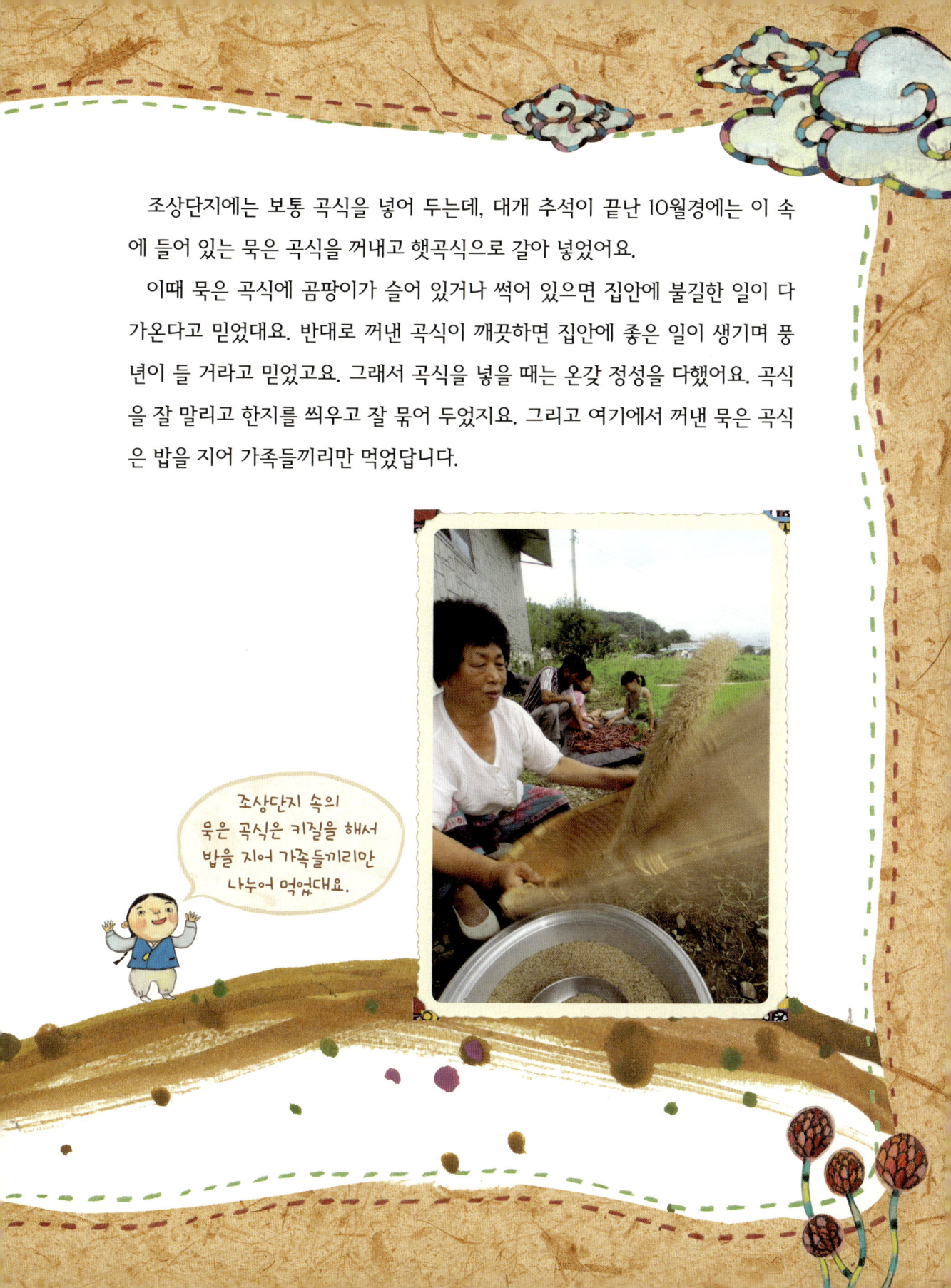

조상단지 속의 묵은 곡식은 키질을 해서 밥을 지어 가족들끼리만 나누어 먹었대요.

· 착하고 정직한 ·
양띠

장난기 많은 새끼 양이 있었어요. 양치기 소년은 새끼 양이 언제나 골칫거리였지요. 틈만 나면 양치기 소년의 눈을 피해 말썽을 부리고 다녔거든요.

어느 날, 새끼 양이 혼자 들판을 헤매다가 길을 잃었어요. 서서히 날이 어두워지자 무서워진 새끼 양은 울기 시작했어요.

"메에, 친구들이 모두 어디로 갔지? 얘들아, 어디 있니?"

그런데 어둠 속에서 누군가가 새끼 양에게 다가왔어요. 새끼 양은 엄마 양이나 양치기 소년인 줄 알고 반가워서 더욱 큰 소리로 울었어요.

그러나 새끼 양 앞에 나타난 것은 무서운 이리였어요. 이리는 군침을 삼키며 긴 혀로 큰 주둥이를 핥았어요.

"오, 아가야. 왜 여기 혼자 있니? 아저씨가 함께 놀아 줄까?"

이리는 먼저 새끼 양을 안심시키기 위해 부드러운 목소리로 말했어요. 하지만 새끼 양은 영리했어요. 이리의 속셈을 알아차린 새끼 양은 떨리는 마음을 가다듬으며 이렇게 말했어요.

"이리 아저씨, 저와 함께 놀아 주신다니 정말 고마워요. 아저씨한테 붙잡힌 이상 저는 잡아먹히는 수밖에 없겠지요? 도망칠 수도 없겠고요."

"그래, 잘 생각했다."

새끼 양은 더욱 마음을 가다듬으며 말했어요.

"그러면 아저씨, 그전에 한 가지 소원이 있어요. 저는 이 세상을 떠나기 전에 마지막으로 춤을 멋지게 추어야겠다고 마음먹어 왔거든요. 그러니까 저랑 춤을 추면서 놀아 주세요. 네?"

이리는 새끼 양의 말을 듣자 껄껄 웃었어요.

"요놈, 춤을 추다가 도망가려는 거지? 그래봤자 소용없어. 네 걸음보다 내 걸음이 몇 배나 빠르거든."

"잘 알고 있어요. 도망갈 생각은 없다니까요. 그러니까 아저씨, 제가 춤을 추게 휘파람으로 장단을 좀 맞춰 주세요."

이리는 빨리 양을 잡아먹고 싶었지만 식사 전에 춤 구경을 하

는 것도 좋을 것 같아서 휘파람을 불어주기로 했어요.

"어디, 그럼 신 나게 휘파람을 불어 볼까? 휘이휙! 휘이휙!"

이리의 휘파람 소리는 조용한 들판에 멀리 울려 퍼졌어요.

그러자 이리의 휘파람 소리를 들은 양치기 소년이 달려왔어요.

이리는 도망가면서 중얼거렸어요.

"이럴 수가, 내 입으로 사람을 부르다니……."

그러자 새끼 양이 큰 소리로 말했어요.

"이리 아저씨, 고마워요. 아저씨 덕분에 집으로 돌아갈 수 있게 되었어요."

새끼 양의 부탁을 들어준다고 열심히 휘파람만 불다가 양치기 소년에게 쫓겨나고만 어리석은 이리의 모습을 한번 상상해 보세요. 참 똑똑한 새끼 양이지 않나요?

　양은 원래 우리나라에 살던 동물이 아니에요. 그래서 다른 동물에 비해 이야기가 많지 않지요.

　양은 고려 시대에 중국 금나라를 통해서 들여왔어요. 떼를 지어 살면서 높은 곳에 오르기를 좋아하지요. 그리고 풀이나 나뭇잎 등을 먹는 초식 동물이에요.

　양은 순하고 착해서 남을 속일 줄 모르는 성격을 상징해요. 그래서 착한 사람을 비유할 때면 흔히 '양 같다'고 하지요. 양띠인 사람은 대개 온순하고 남에게 해를 끼치지 않는 사람들이랍니다.

동물 가운데 돼지나 소는 '몰고 간다'고 하지요? 하지만 양은 '끌고 간다'고 해요. 언제나 사람이 앞서야 따라가기 때문이지요. 그만큼 양은 순종적인 동물이에요. 하지만 양의 이런 모습 때문에 양띠인 사람이 의지가 약하다거나 남의 말에 쉽게 속아 넘어간다는 말이 생기기도 했어요.

돌로 양의 생김새를 조각하여 무덤의 양쪽에 세우는 것을 '양석'이라고 해요. 무덤 앞에 양석을 세우는 이유는 양이 무덤을 지킨다고 믿기 때문이지요.

양의 날에는 풍습이 거의 없어요. 왜냐하면 좋은 날이라고 생각하기 때문에 어떤 일을 해도 탈이 나지 않는다고 믿기 때문이지요. 다만 전라남도 일부 섬마을에서는 양이 방정맞아 보인다고 해서 양의 날에는 고기잡이를 나가지 않는다고 해요.

또 제주도에서는 양의 날에 먹는 약은 효과가 없다고 해서 먹지 않아요. 이것은 양이 병에도 강하고 식욕이 좋아 건강한 동물에 속하기 때문이에요. 건강하니까 병이 없을 테고 당연히 약은 필요 없겠지요.

양은 십이지 가운데 여덟 번째 동물로서 '미(未)'라고 해요. 미(未)가 나타내는 시간은 오후 1시에서 3시 사이예요. 그리고 달로는 음력 6월에 해당하지요.

양띠 가운데 유명한 사람으로는 1936년 베를린 올림픽에서 자랑스런 금메달을 땄던 마라토너 손기정, 〈메밀꽃 필 무렵〉이라는 단편 소설을 쓴 소설가 이효석, 뛰어난 한글 타자기를 만든 공병우 박사 등이 있어요.

양은 무리를 지어 살면서도 결코 다투는 일이 없지요. 우리도 양처럼 다투지 않고 순하게 산다면 함께 어울려 사는 좋은 사회를 만들 수 있을 거예요.

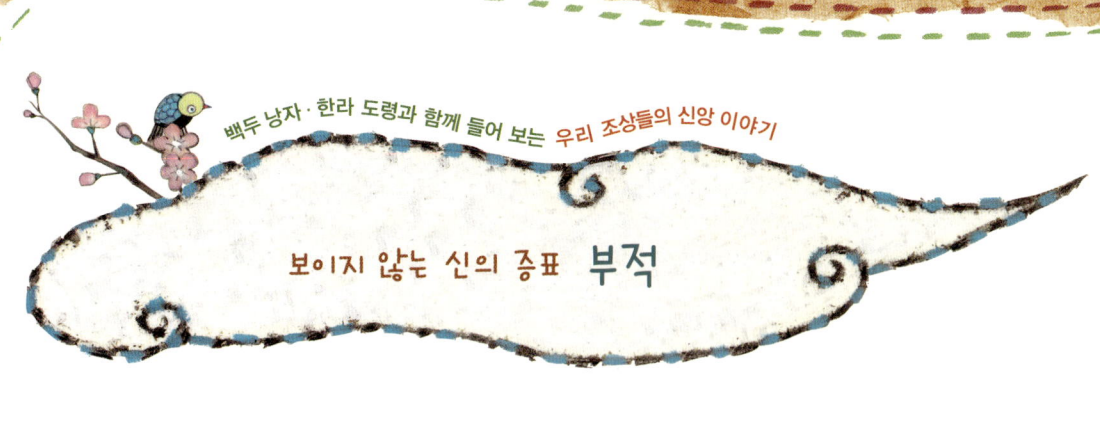

백두 낭자·한라 도령과 함께 들어 보는 우리 조상들의 신앙 이야기

보이지 않는 신의 증표 부적

　부적은 우리 조상들이 앞으로 닥칠 재난을 미리 방지하고 현재 처한 재난에서 벗어나기 위해 사용했던 문자 그림이에요. 부적에는 신의 도움을 받을 수 있게 만든 증표의 의미가 담겨 있거든요.

　부적은 사용 목적에 따라 복을 부르는 길상 부적과 나쁜 것을 물리치는 벽사 부적으로 나누어져요. 재물 부적이나 합격 부적 등은 길상 부적에 속하고, 삼재 소멸 부적이나 병부 등은 벽사 부적에 속하지요. '삼재'란 불로 인한 재앙, 물로 인한 재앙, 바람으로 인한 재앙 그리고 개인의 질병 운수를 가리켜요. 이 밖에도 개인의 소망에 따라 여러 가지 부적이 많아요.

부적은 몸에 지니고 다니는 것과 벽이나 대문 같은 곳에 붙이는 것이 있어요.

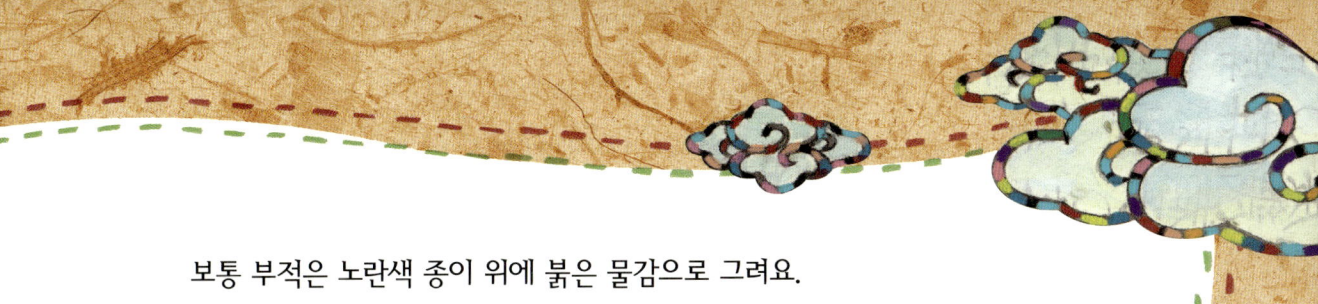

　보통 부적은 노란색 종이 위에 붉은 물감으로 그려요.

　노란색은 광명을 뜻하는 것으로 나쁜 귀신이 가장 싫어하는 색이거든요. 부적에 밝음을 뜻하는 일(日), 월(月), 광(光)자가 많은 것도 이러한 이유에서이지요.

　붉은색은 피와 생명을 상징하는 것으로 공포와 어둠을 물리친다고 생각했어요. 그래서 닭이나 염소 같은 동물의 피를 사용하여 부적을 쓰기도 했어요.

　이러한 부적은 뜻을 알 수 없는 경우가 많은데요. 그것은 귀신에게 복잡하다는 인상을 주기 위해서라고 해요.

　부적은 쓰이는 데에 따라 몸에 지니는 것과 벽이나 대문에 붙이는 것이 있어요. 그렇게 가지고 있다가 소망한 것이 이루어지면 불태워 없애지요. 특히 병이 낫기를 기원하는 병부는 부적을 태워서 그 재를 물에 타서 마시기도 했답니다.

종이에 그린
문자 그림만이
부적이 아니랍니다~!

· 재주 많고 지혜로운 ·
원숭이띠

옛날에는 바다에 사는 게와 나무를 잘 타는 원숭이가 아주 친한 사이였대요.

어느 가을날, 원숭이는 아주 오랜만에 친구인 게를 만나러 바닷가로 놀러 갔어요.

"게야, 안녕? 오랜만이야."

"그래, 친구야. 잘 있었니? 뭐 먹고 싶은 게 있으면 얘기해. 내가 맛있게 만들어 줄께."

게는 훌륭한 요리사였어요. 그래서 곧잘 음식을 만들어 이웃에게 나누어 주고는 했지요.

"그러면 맛있는 떡 좀 해 주라. 배도 고프고 떡을 먹어 본 지가 너무 오래되었거든."

"그래? 조그만 기다리렴."

게는 서둘러 맛있는 떡을 만들기 시작했어요. 맛있는 떡을 친구와 오순도순 얘기하며 즐겁게 나누어 먹는다면 더욱 맛이 좋을 거라고 생각했거든요.

그런데 색깔도 곱고 먹음직스러운 떡을 보자 원숭이는 그만 욕심이 생겼어요. 그래서 게가 만든 떡을 모두 들고 나무 위로 올라갔어요. 그러고는 혼자 맛있게 먹기 시작했어요.

"게야, 그 짧은 다리로 나를 잡을 테면 잡아봐라. 그러면 이 맛있는 떡을 나누어 먹으마."
원숭이는 나무에 올라가서 게에게 다리가 짧다고 놀리며 까불었어요.
게는 무척 속이 상했어요. 정성껏 만든 떡을 맛도 못 보고 원숭이에게 다 빼앗겨버렸거든요. 그렇다고 나무 위로 쫓아올라가서 떡을 뺏을 수도 없었어요.

그런데 바로 그때였어요. 갑자기 어디에선가 큰바람이 불어 왔어요. 순간 나뭇가지가 휘청거리는 바람에 원숭이는 들고 있던 떡을 그만 놓쳐 버리고 말았어요.

"혼자 욕심부리더니 잘 됐다. 이번에는 날 한번 잡아보시지?"

게는 이때다 싶어서 떨어진 떡을 주워서 얼른 나무 아래에 난 작은 구멍으로 들어갔어요. 그러고는 원숭이를 계속 놀려댔지요.

"원숭이야, 거기서 뭐 하니? 이리 들어와서 떡 좀 먹지 않고."

약이 오를 대로 오른 원숭이는 한 가지 꾀를 냈어요. 그리고 혼자 키득키득 웃었어요.

그 꾀가 뭐냐고요? 원숭이는 게가 들어간 구멍에다 엉덩이를 들이대고 '뽀옹!'하고 방귀를 뀌어 버렸어요. 그런데 그 냄새가 보통이 아니었어요.

게는 도저히 참을 수가 없었어요. 그래서 원숭이의 엉덩이를 집게 다리로 꽉 물어 버렸어요. 그리고 엉덩이에 있던 털도 모조리 뽑아 버렸어요. 그래서 그때부터 원숭이의 엉덩이는 빨갛고 털이 없게 되었다고 해요.

게를 가만히 살펴보면 다리에 솜털이 나 있지요? 그 솜털이 바

로 원숭이 엉덩이를 물었을 때 묻은 털이라고 해요.

원숭이는 지능이 매우 발달한 동물이에요. 그래서 자기들 나름대로의 언어를 가지고 있을 만큼 영리하지요.

이러한 원숭이해에 태어난 사람은 재주가 많고 총명하다고 해요. 그리고 언제나 좋은 면을 먼저 생각하고 사람들과 어울리기를 좋아한대요.

고려 시대 때 귀주 대첩으로 유명한 강감찬 장군, 성리학자 이율곡, 폭군으로 평가받는 연산군, 소설 〈동백꽃〉을 쓴 김유정 등이 모두 원숭이띠랍니다.

원숭이는 밤을 지키는 동물이라는 이야기가 있어요. 해가 지면 원숭이는 긴 팔로 하늘의 해를 따서 엉덩이 밑에 깔고 앉는대요. 하지만 세상이 캄캄해지는 대신 원숭이의 엉덩이는 뜨거운 해 때문에 털이 타고 화상을 입어서 빨개지게 된 거래요.

그런데 재빠르고 영리한 원숭이에게는 나쁜 의미도 있어요.

임진왜란을 일으킨 도요토미 히데요시의 다른 이름이 '후정'인데요. 그런데 이것을 풀이하면 '원숭이 요괴' 또는 '원숭이가 변한 사람'이 되요. 그만큼 원숭이가 부끄러움을 모르고 탐욕스러운 동물이라는 말이에요.

원숭이날에는 장사를 시작하지 않는 풍습이 있어요. 보통 장사꾼들은 장사를 시작하거나 처음 문을 열 때에는 털이 많은 짐승의 날에 한다고 해요. 그래서 원숭이날은 좋지 않은 날로 생각했지요. 왜냐하면 원숭이가 방정맞고 재수 없는 동물로 여겨졌기 때문이에요. 또한 경상도에서는 원숭이날에 '원숭이'라는 단어를 쓰지 않고 말한다고 해요.

원숭이는 십이지 가운데 아홉 번째인 '신(申)'에 해당하는 동물이에요. 신(申)이 나타내는 달은 음력 7월이고, 시간은 오후 3시에서 5시 사이랍니다.

원숭이의 종류는 여러가지가 있는데요. 이 중에서 십이지에 선택된 원숭이는 붉은 얼굴 원숭이랍니다.

붉은 얼굴 원숭이는 힘센 수컷 한 마리를 왕으로 받들고 수백 마리가 떼를 지어 생활을 해요. 그런데 질서를 아주 잘 지켜서 반드시 원숭이 왕이 먼저 먹어야 나머지도 음식을 먹는대요. 특히 그들은 팔다리가 길고 행동이 아주 민첩하다고 해요. 서유기의 주인공인 손오공의 조상이 붉은 얼굴 원숭이지요.

우리나라에서는 원숭이를 '잔나비' 또는 '잔내비'로 부르기도 하는 데요. 이때 '잔'은 '자질구레한 얕은 꾀를 매우 잔망스럽게 부린다'는 뜻이 있어요.

그런가 하면 '잔나비띠는 재주가 있다', '원숭이는 가르치지 않아도 나무에 잘 오른다' 등의 말도 있어요. 이것은 재주 많고 지혜로운 원숭이띠의 특징을 잘 알 수 있는 속담이랍니다.

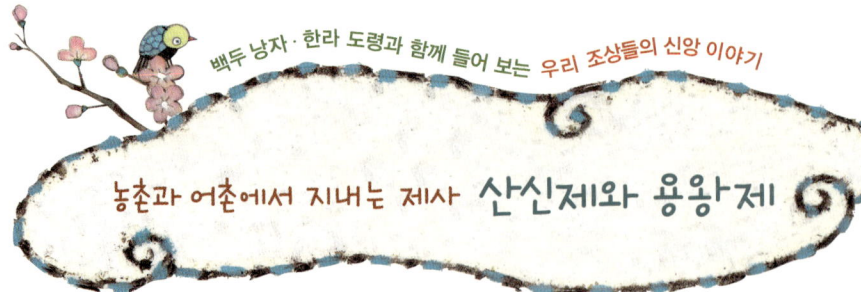

백두 낭자·한라 도령과 함께 들어 보는 우리 조상들의 신앙 이야기

농촌과 어촌에서 지내는 제사 산신제와 용왕제

    산은 우리 민족에게 있어서 중요한 의미가 있는 자연이에요. 예부터 산은 하늘에서 내려오는 신들이 사는 곳이라 하여 신앙의 대상이 되었거든요.

    《삼국유사》에는 단군이 죽은 후 아사달의 산신이 되었다는 기록이 있어요. 산신은 산을 지키는 신을 말해요. 대개 신선이나 호랑이 모습을 하고 있는데, 이러한 산신에게 제사하는 일을 '산신제' 혹은 '산제'라고 하지요.

    산신제는 아주 오래전부터 지내오던 제사예요. 신라에서는 '삼산오악신'을 받

봉화산 정상에서 산신 할머니께 도당제를 지내고 있군요.

들어 나라에서 크게 제사를 지냈지요. 이때, '삼산'은 봉래산, 방장산, 영주산을 말해요. 그리고 '오악'은 동쪽에 토함산, 서쪽에 계룡산, 남쪽에 지리산, 북쪽에 태백산, 중앙에 부악산을 말하지요. 그런가 하면 백성은 마을마다 산신당을 지은 뒤 봄, 가을 또는 정초에 제사를 지냈어요.

한편 바다를 생활의 터전으로 하는 어촌에서는 용왕제나 풍어제 그리고 뱃고사를 지냈어요. 농촌에서 풍년을 기원하는 것처럼 어촌에서는 용왕에게 풍어를 기원했던 거지요. 특히 바다는 태풍이나 풍랑 등 생명을 위협하는 경우가 많기 때문에 안전을 기원하는 제사는 지금까지도 이어지고 있어요. 현재 중요 무형 문화재로 지정된 풍어제로는 동해안의 '별신굿'과 서해안의 '배연신굿', 전라북도 위도의 '띠뱃놀이' 등이 있어요.

'뱃고사'는 용왕제나 풍어제와는 달리 개인이 따로 지내는 제사를 말해요. 주로 설날이나 정월 보름에 지내는데, 고기를 많이 잡았거나 반대로 잡히지 않을 때 자신의 배에서 지냈답니다.

용왕에게 고기를 많이 잡게 해달라고 제사를 지내고 있어요.

· 꼼꼼하고 자기주장이 강한 ·
닭띠

옛날 깊은 산골에 나무꾼이 살았어요. 나무꾼은 어머니를 모시고 가난하지만 행복하게 살고 있었지요.

어느 날 나무꾼이 산속에서 나무를 하고 있는데, 사슴 한 마리가 급하게 뛰어왔어요.

"나무꾼님, 저를 좀 숨겨 주세요. 사냥꾼이 쫓아오고 있어요."

나무꾼은 얼른 사슴을 덤불 속에 숨겨 주었어요. 그러자 곧 사납게 생긴 사냥꾼이 달려왔어요.

"나무꾼 양반, 혹시 이리로 사슴 한 마리가 지나가지 않았소?"

"아, 저쪽으로 달려가던데요."

나무꾼은 엉뚱한 곳을 가리키며 말했어요. 사냥꾼이 그곳을 향해 헐레벌떡 뛰어가고 나자, 나무꾼은 사슴을 꺼내 주었어요.

"나무꾼님, 정말 고맙습니다. 제 생명을 구해 주셨으니 그 은혜에 보답하고 싶어요."

사슴은 나무꾼에게 아내가 없다는 것을 알고 있었어요.

"나무꾼님, 골짜기를 내려가면 큰 연못이 하나 있어요. 매달 보름이면 선녀들이 그 연못으로 내려와 목욕을 하고 가지요. 그런데 선녀는 날개옷이 없으면 하늘로 올라갈 수 없어요. 이번 보름날 그곳에 가서 선녀의 옷을 하나 감추세요. 그리고 혼자 남게 된 그 선녀와 혼인하세요. 그런데 아이 셋을 낳을 때까지는 절대로 날개옷을 주어서는 안 돼요. 아셨죠?"

보름날이 되자 나무꾼은 골짜기 아래로 내려갔어요. 연못에는 정말로 선녀들이 목욕을 하고 있었어요. 나무꾼은 재빨리 날개옷 하나를 감추었어요.

목욕을 마친 후 선녀들은 하늘로 올라갔어요. 하지만 날개옷을 잃어버린 선녀는 그럴 수가 없었어요. 나무꾼은 사슴의 말대로 그 선녀를 집으로 데려가 아내로 맞이했어요.

그렇게 몇 년이 흘렀어요. 나무꾼과 선녀 사이에 아이가 둘이

나 생겼어요. 나무꾼은 아주 행복했어요. 하지만 선녀는 가끔씩 하늘나라를 생각하면서 혼자 울었어요.

'내가 숨겨놓은 날개옷 때문에 아내가 슬퍼하고 있어. 날개옷을 보여주면 아내가 기뻐하겠지? 사슴은 아이 셋을 낳을 때까지 날개옷을 보여주지 말라고 했지만 아이를 둘씩이나 낳았으니 괜찮을 거야.'

이렇게 생각한 나무꾼은 아내에게 날개옷을 보여 주었어요. 그러자 아내는 날개옷을 입고 아이들과 함께 하늘나라로 올라가 버렸어요.

나무꾼은 깊은 슬픔에 빠졌어요. 그러자 사슴이 나무꾼 앞에 다시 나타났어요.

"제가 뭐라고 했어요? 아이 셋을 낳을 때까지는 절대로 날개옷을 주지 말라고 했잖아요."

"그래, 내가 잘못했다."

"하는 수 없죠, 뭐. 나무꾼님께서 날개옷을 훔친 다음부터 선녀들은 두레박으로 물을 길어서 목욕을 한답니다. 내일이 바로 두레박이 내려오는 날이에요. 그러니 연못에서 기다리다가 두레박이 내려오면 얼른 올라타세요. 그러면 하늘나라로 올라갈 수 있을 거예요. 이번이 마지막 기회이니까 실수하면 절대 안 돼요."

다음 날 나무꾼은 두레박을 타고 하늘나라로 올라갔어요. 아내와 아이들을 다시 만난 나무꾼은 너무나 기뻤어요. 그러다가 혼자 계신 어머니가 생각났어요. 그런 나무꾼의 마음을 알아차린 아내는 흰 말을 하나 내어 주며 말했어요.

"여보, 어머니를 뵙고 오세요. 하지만 이 말에서 절대로 내리시면 안 돼요. 발이 땅에 닿으면 하늘나라로 되돌아올 수 없어요."

"고맙소. 내 곧 돌아오리다."

나무꾼은 말을 타고 집으로 내려왔어요.

"어디 보자, 내 아들! 어디 한번 안아 보자꾸나."

"어머니, 저는 이 말에서 내릴 수가 없어요. 빨리 가야 하거든요. 죄송해요."

"그러면 네가 좋아하는 팥죽이라도 한 그릇 먹고 가려무나."

어머니는 방금 끓인 팥죽을 가져와서 아들에게 주었어요.

"앗, 뜨거워!"

나무꾼은 그만 뜨거운 팥죽을 말의 등 위에 흘리고 말았어요. 그러자 깜짝 놀란 말은 나무꾼을 떨어뜨려 버리고는 하늘로 그냥 올라가 버렸어요.

이렇게 해서 다시 하늘나라로 올라갈 수 없게 된 나무꾼은 하늘만 바라보고 살다가 죽어서 수탉이 되었어요. 수탉이 담장이나 지붕 등 높은 곳에 올라가 하늘을 쳐다보며 우는 것은 하늘나라에 있는 아이들과 아내를 못 잊어서 그러는 거래요.

닭은 열 번째 지지인 '유(酉)'에 해당해요. 유(酉)가 나타내는 시간은 오후 5시부터 7시까지를 말하고, 음력 8월을 가리키지요.

닭이 나타내는 의미는 닭 울음소리와 관련이 많아요. 닭 울음소리가 어둠을 가르고 새벽을 알리는 것처럼 닭은 어떤 주장이나 선언, 깨달음을 의미하거든요. 그리고 새로운 세계나 위인의 탄

생을 알리는 역할도 하지요.

제주도 신화 가운데 이런 대목이 있어요.

"어둠이 계속되면서 구름만 오락가락할 때 천황 닭이 목을 들고 지황 닭이 날개를 치고 인황 닭이 꼬리를 쳐 크게 우니 먼동이 트기 시작했다."

이렇듯 새로운 출발을 상징하는 닭은 전통 혼례식의 초례상 위에 올려지기도 한답니다.

　닭띠인 사람은 꼼꼼한 성격에 자기주장이 강하다고 해요. 반면에 보수적이고 고집스럽기도 하대요.

　어린 나이에 억울하게 숨진 단종 임금, 행주대첩을 이끈 권율 장군, 유명한 작곡가 홍난파, 〈표본실의 청개구리〉라는 실험적인 소설을 쓴 염상섭 등이 모두 닭띠랍니다.

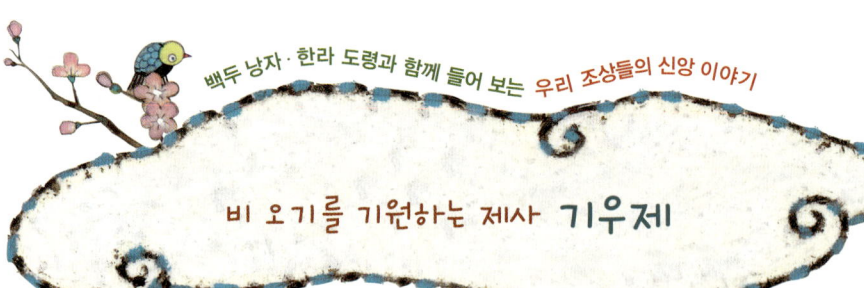

백두 낭자·한라 도령과 함께 들어 보는 우리 조상들의 신앙 이야기

비 오기를 기원하는 제사 기우제

　기우제는 가뭄이 심할 때 나라와 백성이 비 오기를 기원하면서 지내는 제사를 말해요. 농사를 짓고 살았던 옛날에는 가뭄만큼 큰 재앙이 없었지요. 그만큼 기우제는 절박한 상황에서 지내는 제사였어요.

　기우제는 민속 신앙 가운데 형식이 가장 다양해요. 또한 기우제를 지내는 장소도 절, 궁궐, 산 등 정해진 곳이 따로 없었어요. 그리고 섬기는 대상도 산신, 천신 등 다양했지요.

　옛날에는 가뭄이 심하면 임금이 정치를 잘못해서 천벌을 받는 거라고 믿었어요. 그래서 임금 스스로 깨끗이 목욕을 하고 하늘에 제사를 지냈어요. 또한 초가에서

가뭄이 심할 때 하늘에서 비가 내리기를 기원하면서 지내는 제사가 바로 기우제랍니다.

지내며 음식도 먹지 않고 모든 죄인을 풀어 주었대요.

　백성은 큰 냇가나 산에 제단을 만들고 마을 전체 주민이 함께 제사를 지냈어요. 제사를 이끌어가는 제주는 마을에서 가장 나이 든 사람이나 이장이 맡았어요. 닭, 돼지 머리, 술, 과일, 떡, 포 등을 제물로 올리고 때로는 무당을 불러 굿을 함께 하기도 했어요. 이처럼 기우제는 비를 내려 달라고 정성을 다하여 지내는 제사를 말한답니다.

　그런데 이상한 기우제도 있어요. 전라도 곡성이나 장성 지방에서는 세계에서 하나밖에 없는 기우제를 지내는데요. 바로 천신이나 우신을 조롱해서 화를 내게 하여 비를 내리게 하는 기우제예요.

　기우제를 올리는 날이면 물을 될 수 있는 대로 많이 먹고 제사에 참가하여 5~6시간 동안 오줌을 참아요. 그리고 제사가 다 끝나면 기우제를 올린 제단 둘레에 모여서 참았던 오줌을 동시에 싸는 거예요. 그러면 이것을 본 신들은 '요 괘씸한 놈들!' 하고 화가 나서 당장 비를 내려 준다는 거지요.

　참 재미있고 이상한 기우제지요?

아낙네들이 키로 물을 치뿌리는 '키 까부르기'로 비가 내리기를 기원하고 있어요.

· 믿음직스럽고 의리 있는 ·
개띠

고려 시대 충렬왕 때의 일이에요. 그때 개성에는 무서운 전염병이 돌고 있었어요. 그래서 많은 사람이 한꺼번에 죽기도 했지요. 더는 개성에 머물 수가 없었던 사람들은 마침내 마을을 떠나기로 했어요. 의학이 발달하지 않았을 때라서 다른 방법이 없었던 거예요.

하지만 마을 사람들과 함께 떠날 수 없는 한 아이가 있었어요. 부모는 전염병으로 죽고 주변에 아는 친척이 하나도 없는 아이였어요. 게다가 앞을 볼 수 없는 눈먼 아이여서 결국 마을에 혼자 남겨졌지요.

그런데 이 아이의 곁에는 흰 개 한 마리가 있었어요. 아이의 집에서 오랫동안 기르던 개였지요. 그 개는 아이를 혼자 두고 가지 않았어요.

텅 빈 마을에서 개는 아이와 함께 자고 함께 먹으며 둘도 없는 친구로 지냈어요. 눈먼 아이에게 먹을 것이 있는 곳을 알려주고, 쉴 수 있는 곳으로 데리고 다니면서 아이를 지켜 주었지요.

전염병이 사라진 뒤 마을을 떠났던 사람들이 하나둘씩 돌아왔어요. 그런데 돌아와 보니 놀랍게도 마을에는 눈먼 아이가 살아 있었어요. 흰 개가 그 아이를 돌봐왔던 것이었어요. 아이의 부모가 전염병으로 죽었기 때문에 혹시 병이 옮을까 봐 아이를 버리고 갔던 사람들은 흰 개에게 감동을 받았어요. 그래서 관가에 이 사실을 알리고 흰 개를 의로운 개라고 칭찬했다고 해요.

정말 의리 있고 믿음직스러운 개이지요? 이때부터 사람들은 흰 개에게는 전염병이나 나쁜 귀신을 물리치는 능력이 있다고 믿게 되었답니다.

또 이런 얘기도 있어요.

옛날 전라북도 임실군 오수리에 김 개인이라는 사람이 있었어요. 이 아저씨는 아주 영리한 개 한 마리를 기르고 있었지요.

하루는 이웃 마을에 잔치가 있어서 영리한 개를 데리고 갔어요. 그런데 워낙 술을 좋아했던 아저씨는 술을 많이 마시고 밤늦게야 잔칫집을 나섰지요.

술에 취해 걷기가 어려워진 아저씨는 둑에서 좀 쉬었다 가야겠다고 생각했어요. 그런데 둑에 앉아서 담배를 피우다가 그만 잠이 들고 말았어요. 문제는 그다음이었어요. 아저씨가 피우던 담뱃불이 잔디에 옮겨붙고 말았던 거예요.

잔디에 불이 붙자 개는 아저씨를 깨우기 위해 정신없이 짖어댔어요. 하지만 잠에 곯아떨어진 주인은 깨어나지를 못했어요.

불길이 자꾸 퍼지자 개는 강물에 뛰어들어 온몸을 물에 적셨어요. 그러고는 달려와서 주인이 누워있는 주위를 뒹굴었어요. 개는 그 일을 쉴 새 없이 반복했어요. 그러다가 결국에는 지쳐서 쓰러졌지요.

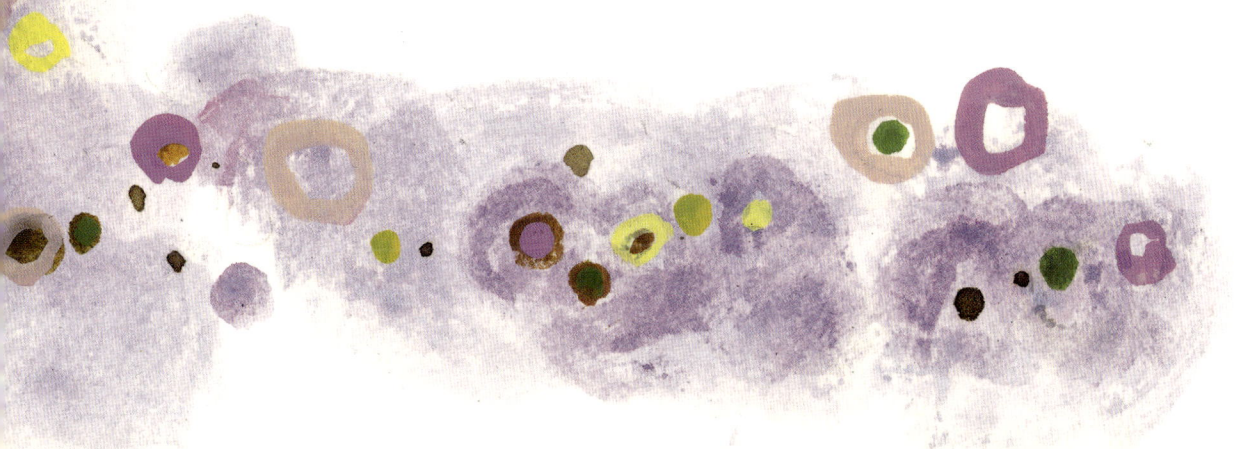

새벽이 되어서야 아저씨는 잠에서 깨어났어요. 그런데 주위를 둘러보니 잔디가 모두 까맣게 타 버렸는데 자기 주변만 타지 않았더래요. 이상한 생각이 들어 개를 찾았는데, 개는 이미 온몸이 새카맣게 탄 채 죽어 있었어요.

상황을 깨달은 아저씨는 목 놓아 울었어요. 그리고 집으로 돌아와 개 무덤을 만들고 나무를 잘라 개의 죽음을 슬퍼하는 노래를 적었어요. 그러자 그 나무에 뿌리가 돋고 가지가 뻗어 큰 나무가 되었어요.

사람들은 그 나무를 '개 나무'라는 뜻을 가진 '오수'라고 부르고, 마을 이름도 '오수리'라고 바꾸어 불렀어요. 할머니가 손자나 손녀를 부를 때 '우리 강아지' 하고 부르는 경우가 있지요? 그것은 개가 그만큼 사람과 친하고 좋은 점이 많아서 생긴 애칭이에요.

또한 개는 주인에게 충성을 다하는 동물로 유명하지요. 몸을 바쳐 주인을 살린 이야기나 길 잃은 사람을 도와준 얘기 등 개의 충성심과 관련된 이야기는 아주 많아요.

이러한 개는 십이지 가운데 열한 번째인 '술(戌)'에 해당하는 동물이에요. 술(戌)이 나타내는 시간은 오후 7시부터 9시 사이고, 음력 9월을 가리키지요.

신라에 불교를 전파하기 위해 순교한 이차돈, 훌륭한 어머니의 본보기가 되는 신사임당, 씨 없는 수박을 개량한 우장춘 박사, 천재 시인 이상 등이 모두 개띠랍니다.

개띠인 사람은 자신이 믿는 사람에게는 변함없는 마음을 갖는대요. 자신이 손해를 보더라도 말이에요. 그리고 예술적 재능이 뛰어난 사람이 많대요. 그뿐만 아니라 마음도 착하고 성격도 온순하대요. 그래서 개띠가 열두 띠 가운데 가장 바람직한 띠라고 주장하는 사람도 있어요.

개띠의 이런 특성은 개가 가지고 있는 충성스럽고 영리한 성격과도 관련이 있답니다.

옛이야기나 신화에 나오는 개의 역할은 아주 충성스러운 심부름꾼이었어요. '불개' 이야기에서도 불개는 왕의 명령에 따르는 충성스런 심부름꾼이지요.

불개는 해와 달이 없어서 어둡기만 한 까막 나라에 살았어요. 왕은 나라를 밝게 하기 위해 불개에게 해와 달을 물어 오도록 시켰어요.

왕의 명령을 받은 불개는 하늘로 달려가 해를 물었어요. 하지만 너무 뜨거워서 실패하고 말았지요. 그래서 이번에는 달을 물

었지만 달은 또 너무 차가워서 실패하고 말았어요.

　그러나 불개는 끝까지 포기하지 않고 지금까지도 해와 달을 물어 오기 위해 노력을 계속하고 있대요. 그래서 일식과 월식이 생긴다는 얘기랍니다.

'개는 사흘만 기르면 주인을 알아본다'는 속담이 있어요. 개에 관한 여러 이야기들을 살펴보면 이 속담이 틀린 말은 아닌 것 같지요?

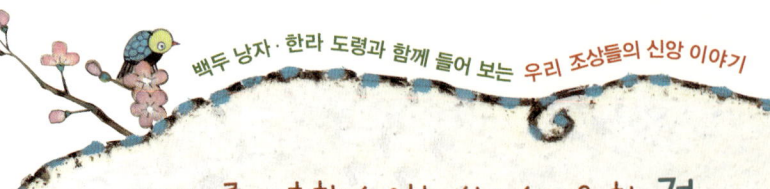

미래를 예측할 수 있는 신비스러운 힘 점

우리나라에서는 예로부터 정초가 되면 새해의 운수를 점치는 풍습이 있었어요. 사람이 태어난 생년월일을 따져서 그해의 좋은 일과 나쁜 일 그리고 그것을 예방하는 방법 등을 보았는데, 이때 사용하는 책이 《토정비결》이에요.

《토정비결》은 조선 중기 사람 토정 이지함이 지은 것으로 생년월일에 따른 사람의 미래를 예언한 책이에요.

그런데 토정비결과는 다른 방법으로 사람들의 과거와 현재, 미래에 대한 일을

한 무속인이 손금을 보여 점괘를 봐 주고 있어요.

점치고 판단하는 사람들도 있어요. 이런 사람들을 점쟁이라고 하지요.

　점은 신비스러운 힘을 빌려 예측할 수 없는 앞일을 미리 알아내는 것을 말해요. 점은 신령이 점쟁이의 몸에 들어와 미래의 일을 알려 주는 '신탁점'과 쌀이나 엽전, 방울 등을 이용해서 미래의 일을 알아보는 '신시점'으로 나누어져요.

　그런데 점쟁이를 통하지 않고 점을 보는 경우도 있어요.

　예를 들어 한 해의 시작인 설날에는 날씨로 점을 쳤어요. 설날에 눈이 많이 오면 곡식은 풍년이 들지만 과일은 흉작이라고 해요. 또한 입춘날 아침에 북서풍이 불면 홍수가 나고 입춘 뒤에 눈이 오면 흉년이 든다고 했어요. 이 밖에도 달점, 동물점, 줄다리기나 쥐불놀이 등 민속놀이를 통해 점을 치기도 했어요.

　이렇게 점은 우리 민족의 생활 속에서 하나의 문화로 자리 잡았답니다.

십자매가 점괘를 뽑는 새점이에요~!

· 순진하고 끈기 있는 ·
돼지띠

"꿀꿀, 꿀꿀."

정아는 '꿀꿀' 소리를 내며 게걸스럽게 먹는 돼지의 모습을 보며 얼굴을 찌푸렸어요.

"에잇, 정말 돼지는 좋은 구석이라고는 하나도 없는 동물이야. 욕심꾸러기처럼 먹지, 더럽지. 그뿐인가? 꼭 멍청이 같잖아."

정아의 말처럼 돼지는 더럽고 욕심 많고 어리석어 보이는 동물이에요. 얼마나 지저분하면 더러운 곳을 보고 '돼지우리 같다'고 하겠어요?

하지만 우리가 이렇듯 알고 있는 돼지에 대한 생각이 전부는 아니랍니다.

돼지는 십이지 가운데 마지막인 '해(亥)'에 해당해요. 해(亥)에는 '힘을 저축하고 있다가 적절한 시기가 오면 싹을 틔운다'는 뜻이 있어요. 해시는 오후 9시부터 11시 사이를 나타내고, 달로는 음력 10월에 해당하지요. 그런데 이때에 하늘과 땅과 사람이 화합을 한다고 해요.

돼지는 물과도 관계가 있어요. 그래서 나무를 살리는 데 중요한 역할을 하지요. 이런 점 때문에 돼지가 복을 가져온다는 말이 생겨난 것이랍니다.

고사상에 올려놓은 돼지 머리를 본 적이 있나요? 고사상 위에 놓인 돼지의 입을 보면 착하게 미소 짓고 있어요. 어쩌면 죽으면서도 미소를 잃지 않는 모습이 순진하고 명랑한 돼지의 원래 성격인지도 모르지요.

돼지띠를 갖고 태어난 사람들은 대부분 마음이 따뜻하고 남을 이해하는 편이에요. 또 항상 서두르지 않고 끈기 있게 일하지요. 그리고 어쩌다가 불행이 닥쳐오더라도 결코 절망에 빠지지 않고 꿋꿋하게 헤쳐나가고요.

고구려 시대의 광개토대왕, 조선을 건국한 이성계, 조선의 개

화에 앞장섰던 김옥균, 어린이날을 만든 소파 방정환, 아름다운 동화를 많이 쓴 윤석중 등이 돼지띠예요.

　돼지띠는 십이지 가운데 재물복이 가장 많다고 해요. 그래서 돼지꿈을 꾸면 재수가 좋다고 하지요.

　전라도 어느 마을에 숯장수 총각이 있었어요. 총각은 가난했지만 좋은 사람이라고 소문이 자자했지요. 그래서 마을 사람들은 그를 장가보내려고 애를 썼어요.

　하루는 할머니 한 분이 총각을 찾아왔어요.

　"여보게, 총각. 난 강 건넛마을에 산다네. 소문을 듣자하니 총각이 정말 좋은 사람이라고 하기에 내 중매를 서려고 일부러 찾

아왔다네. 어디 나를 따라 가볼 텐가?"
 총각은 할머니를 따라 강 건넛마을에 갔어요. 할머니는 총각에게 한 집을 알려 주고는 급히 길을 떠났어요.
 그런데 총각이 그 집에 가 보니 그 집 처녀가 영 마음에 들지 않았어요. 얼굴도 너무 못생겼고 차림새도 엉망이었거든요.
 '아니, 이 할머니가 대체 나를 어떻게 보고…….'
 너무나 실망한 총각은 할머니가 원망스러웠어요. 그래서 발길을 돌려 배를 탔지요.
 그런데 그 배에 함께 탄 스님 한 분이 총각에게 이상한 말을 했어요.

"자네, 그 처녀가 그렇게도 마음에 들지 않나? 그 처녀 뒤에는 항상 새끼 돼지들이 따라다닌다네. 물론 다른 사람 눈에는 보이지 않지. 만약 자네가 그 처녀와 결혼하면 자네는 만석꾼이 되어 아주 잘 살걸세."

스님의 말을 들은 총각은 다시 처녀의 집으로 가서 처녀를 훔쳐보았어요. 그랬더니 총각의 눈에도 처녀 뒤를 졸졸 쫓아다니는 새끼 돼지들이 보였어요. 신기하기는 했지만 총각은 그 모습이 더욱 마음에 들지 않았어요.

'저건 또 뭐람? 저 얼굴에 새끼 돼지까지 끌고 다녀?'

총각은 그만 포기하고 집으로 돌아왔어요. 하지만 스님이 했던 얘기가 자꾸 떠올라 잠을 이룰 수가 없었어요. 여러 날을 고민한 끝에 마침내 숯장수 총각은 그 처녀와

혼인했어요.

그랬더니 정말 신기하게도 재산은 순식간에 쌓여 숯장수는 곧 큰 부자가 되었어요. 마을 사람들은 아내가 복덩이라며 숯장수를 부러워했지요.

그로부터 몇 년이 지난 어느 가을날이었어요. 늘 아내의 뒤를 따라다니던 새끼 돼지들이 모두 어디론가 나가서는 돌아오지 않았어요.

'어찌 된 일이지? 이제 우리 집 살림이 기울려고 하나?'

숯장수는 너무나 걱정이 되어서 종일 밥도 제대로 먹을 수가 없었어요.

그런데 밤이 되자 새끼 돼지들이 다시 들어왔어요. 그리고 그 뒤를 따라 한 사냥꾼이 황급하게 들어왔어요.

"혹시 이리로 멧돼지 떼가 들어오지 않았습니까?"

"네, 멧돼지라니요? 못 봤는데요."

실망한 사냥꾼은 맥이 탁 풀렸어요.

"이상하군. 분명히 이리로 들어왔는데……. 그나저나 날이 어두워져서 더는 다닐 수가 없게 되어서 그러는데, 여기서 하룻밤 묵어갈 수 있겠소?"

"날도 저물었으니 그렇게 하시지요."

밤이 깊어지자 사방에서 쿵쿵거리는 소리가 들려왔어요. 도둑 떼가 숯장수의 집을 털러 온 것이었어요. 도둑들이 신 나게 돈이며 쌀이며 보석을 찾아 막 나가려 할 때였어요.

"탕! 탕! 탕!"

때마침 사냥꾼이 총을 쏘았어요. 도둑들은 놀라서 훔친 물건도 나 몰라라 하고 모두 도망가고 말았어요.

그날 밤 숯장수의 집에 머물렀던 사냥꾼은 바로 아내의 뒤를 쫓아다니던 돼지들이 오게 한 것이었어요. 돼지들이 밤에 도둑이 들 것을 미리 알고 일을 꾸몄던 것이지요. 만약 그날 밤에 숯장수의 집에 사냥꾼이 머물지 않았다면 숯장수는 완전히 거지가 되었겠지요?

백두 낭자·한라 도령과 함께 들어 보는 우리 조상들의 신앙 이야기

재앙을 미리 막기 위한 행동 규제 금기

'무엇을 해서는 안 된다', '그것을 하면 탈이 난다' 등 행동에 대한 규제를 '금기'라고 해요. 즉 재앙을 가져올 만한 것을 못하게 하는 것이 금기지요. 금기는 행동, 말, 사람 등 거의 모든 것에 관련이 있어요.

예를 들어 바다의 어부들은 고기잡이를 나갈 때면 인사를 하지 않고 나가고, 쥐가 배에서 나가면 고기잡이를 나가지 않아요. 또 같은 배에 아버지와 아들이 함께 타지 않으며, 털이 많이 난 짐승 날에 고기잡이를 나가지요.

심마니는 먼저 산신께 제사를 올린 후에 좋은 날을 택해서 산에 올라가요. 그리고 산삼을 발견하면 "심 봤다!"라고 크게 외치지요. 이것은 산신에게 감사를 드리고, 주위의 부정한 기운과 혼자만의 욕심을 물리친다는 뜻이라고 해요.

배를 타고 나가기 전 용왕에게 제사를 지내고 있어요~!

때에 따라 행하는 금기도 있어요. 특히 정월에는 해야 하는 일과 해서는 안 되는 일이 많았어요. 그중에는 키 작은 사람과 여자는 외출을 하지 못한다는 금기가 있었어요. 옛날 농촌에서는 정월에 집으로 찾아온 사람의 키에 따라 농사가 잘되고 안 된다고 생각했거든요. 그리고 새해 첫날부터 여자를 보면 일 년 내내 재수가 없다고 생각했어요.

개인적으로 행하는 금기 가운데 대표적인 것은 임산부가 금하는 여러 가지 금기예요. 특히 태교라고 해서 임신 중에는 가리는 것이 참 많아요. 아기를 낳았을 때도 마찬가지고요. 아기를 낳으면 대문 앞에 금줄을 치는데, 이때 금줄은 반드시 왼새끼여야 해요. '왼 새끼는 귀신을 쫓는다' 또는 '귀신은 왼 새끼를 싫어하고 무서워한다'는 의미를 가지고 있기 때문이랍니다.

옛날에는 아기를 낳았을 때 금줄을 대문 앞에 쳐 놓으면 나쁜 귀신을 쫓을 수 있다고 믿었어요.

교과가 튼튼해지는
우리 것 우리 얘기

열두 동물에 얽힌 재미난 이야기들, 잘 읽어 보셨나요?

예로부터 우리 조상들은 해가 바뀌면 '올해는 무슨 띠의 해일까?' 하고 따져보았어요. 그리고 그 띠에 해당하는 동물이 상징하는 것에 따라 한 해의 운세를 점쳐보곤 했지요.

또한 각 동물의 특징에 맞춰 성격이며 운명 등을 점쳐보기도 하고, 각각의 동물들과 관련된 놀이를 통해 소원을 빌어 보기도 했답니다.

자, 그러면 지금부터 열두 띠 동물과 관련된 우리 풍속에 대하여 살펴볼까요?

열두 띠 동물과 우리 풍속

쥐 쥐불놀이

쥐와 해충을 제거하고 나쁜 기운을 멀리 쫓고자 정월 대보름 전날에 논밭의 마른 풀과 잔디를 태우는 놀이에요. 논밭 둑에 불을 놓기도 하고, 깡통에다 검불을 넣고 불을 붙인 뒤 깡통을 빙빙 돌리며 새해 소망을 빌기도 한답니다.

소 소싸움

싸움소 두 마리를 마주 세워 넓은 들에서 싸움을 붙이는 놀이에요. 주로 바쁜 농사일이 끝난 한가윗날 하는데, 마을마다 소를 한 마리씩 골라 대표로 뽑힌 소끼리 싸움을 하지요. 우승을 한 소의 마을은 다음 소싸움 때까지 '형님 마을'로 불린답니다.

호랑이 범놀이

정월 대보름날 재앙을 몰아내고 풍년을 기원하며 마을 사람 모두가 어울리는 놀이에요. 멍석을 뒤집어쓴 두 사람이 호랑이가 되어 집집마다 방문해 농악을 울리면 마을 사람들은 농악에 맞춰 흥겹게 춤을 추며 놀았답니다.

토끼 상묘일

정월 첫 번째 토끼날을 상묘일이라고 해요. 상묘일은 장수를 비는 날로 이날 새로 뽑은 실을 명실이라고 하지요. 이 실을 차고 다니거나 옷을 지어 입으면 오래 살고 재앙을 물리친다고 하여 실을 팔에 감거나 옷고름이나 주머니에 차거나 돌쩌귀에 걸어 두었답니다.

용 용알 뜨기

정월 대보름날 새벽에 부인들이 닭이 울 때를 기다렸다가 우물에 가서 물을 길어오던 풍속이에요. 이날 가장 먼저 물을 길어 밥을 지어먹으면 그해 농사에 풍년이 든다고 믿었거든요. 이것을 가리켜 '용의 알'을 건진다고 하는데, 이때 물을 먼저 길어간 사람은 짚을 띄워 표시를 해 두었답니다.

뱀 뱀지지기

집안에 뱀이 들어오는 것을 막기 위한 풍속이에요. 먼저 머리카락, 고추, 헝겊, 왼새끼 등으로 뱀 모양을 만들어요. 그리고 한쪽 끝에다 巳(사)라고 써 붙이지요. 이것을 질질 끌고 다니며 뱀이 나올 법한 곳을 돌거나 불을 붙여 그 연기로 뱀이 나왔던 곳을 지져요. 이때, "뱀 짖자! 구렁이 짖자!" 하고 외치고 난 뒤 집 밖으로 내다 버린답니다.

말 사마주 담기

사마주는 말날인 오일마다 네 번에 걸쳐 담그는 술이에요. 새해 첫 말날에 시작해서 돌아오는 말날마다 네 번을 거듭 빚지요. 봄이 지날 무렵에 익는 사마주는 해가 지나도 술이 변하지 않는다고 해요.

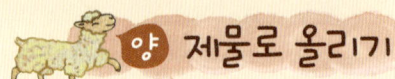
양 제물로 올리기

양은 우리나라 토종 동물이 아니라서 관련된 특별한 풍속은 찾아보기가 어려워요. 다만 양날은 좋은 날로 생각하여 어떠한 일을 해도 탈이 나지 않는다고 믿었어요. 고려 시대와 조선 시대에 제물용으로 길러졌는데, 일반 백성은 사용하지 않았고 나라에서 지내는 제사에만 제물로 올렸다고 해요.

원숭이 상신일

정월 첫 번째 원숭이날을 상신일이라고 해요. 이날에는 남자가 먼저 일어나 문밖으로 나가고 부엌에도 먼저 들어가요. 또한 외출하지 않고 일손을 쉬고 놀지요. 특히 제주도에서는 나무를 자르지 않는데, 이날 자른 나무로 물건을 만들면 좀이 많이 든대요.

닭싸움놀이

싸움닭들이 싸우는 모습을 흉내 낸 놀이에요. 한쪽 다리를 접어 손으로 잡고 다른 한 다리로 서서 무릎으로 서로 밀어내는데, 서 있는 발이 테두리 밖으로 나가거나 다리를 잡고 있던 손을 놓거나 양발이 땅에 닿으면 지는 거랍니다.

개보름쇠기

정월 대보름에는 개에게 먹이를 주지 않는 '개보름쇠기'라는 풍습이 있어요. 이날 개에게 먹이를 주면 개는 살이 안 찌고 집안에 파리가 들끓는다고 해요. 그래서 강원도 영동 지방에서는 아침과 저녁에만 개밥을 주고, 경남 지방에서는 저녁 달이 뜬 후에야 밥을 준다고 해요.

상해일

정월 첫 번째 돼지날을 상해일이라고 해요. 이날 궁중에서는 비단으로 돼지주머니를 만들어 신하들에게 나누어 주었어요. 또한 민가에서는 팥가루로 세수를 했는데, 그렇게 하면 살결이 희고 고와진다고 해요. 한편 전남 지방에서는 이날 바느질을 하지 않고 머리도 빗지 않아요. 바느질을 하면 손가락이 아리고, 머리를 빗으면 통증이 생긴다는 믿음 때문이랍니다.

〈오십 빛깔 우리 것 우리 얘기〉 시리즈
권별 교과 연계표

국 국어 사 사회 과 과학 도 도덕 음 음악 미 미술
체 체육 실 실과 바 바른 생활 슬 슬기로운 생활 즐 즐거운 생활

- 신 나는 열두 달 명절 이야기   사 3-2   사 5-1   사 5-2   슬 1-2
- 관혼상제, 재미있는 옛날 풍습   국 1-2   국 4-1   사 3-2   사 5-2
- 조상들은 어떤 도구를 썼을까   국 2-2   사 3-1   사 5-1   사 5-2
- 옛날엔 이런 직업이 있었대요   국 5-1   국 6-2   사 3-1   사 4-2
- 꼭 가 보고 싶은 역사 유적지   국 4-1   국 4-2   사 6-1   사 6-2
- 신토불이 우리 음식   국 3-1   사 3-1   사 5-1   사 6-2
- 어깨동무 즐거운 우리 놀이   국 4-1   사 5-2   체 4   즐 2-2
- 나라를 다스린 법, 백성을 위한 제도   사 3-2   사 4-1   사 6-1   사 6-2
- 하늘을 감동시킨 효자 이야기   도 3-1   도 5   바 1-1   바 2-2
- 오천 년 지혜 담긴 건물 이야기   국 4-1   국 4-2   사 5-1   사 5-2
- 세계가 놀란 발명 이야기   국 3-1   국 5-2   사 3-1   사 5-2
- 빛나는 보물 우리 사찰   국 4-1   사 6-2   바 2-2
- 나라의 자랑 국보 이야기   국 5-2   사 6-1   사 6-2   바 2-2
- 나라를 지킨 호랑이 장군들   국 4-2   국 6-1   사 6-1   바 2-2
- 오천 년 우리 도읍지   국 4-1   사 5-2   사 6-1
- 하늘이 내린 시조 임금님들   국 6-2   사 5-2   사 6-1   바 2-2
- 옛날 관청과 공공시설   사 3-1   사 3-2   사 6-1   사 6-2
- 옛사람들의 우정 이야기   국 4-1   국 6-2   도 3-1   바 1-1
- 얼쑤, 흥겨운 가락 신 나는 춤   국 6-1   국 6-2   사 3-1   음 3
- 아름다운 독도와 우리 섬   국 2-1   국 4-1   국 5-2   사 4-1
- 본받아야 할 우리 예절   국 3-2   도 4-1   바 2-1   바 2-2

- 놀라운 발견, 생활의 지혜　　국 2-1　국 2-2　사 3-1　사 5-1
- 옛사람들의 교통과 통신　　사 3-2　사 4-1　사 5-2
- 머리에 쏙쏙 선조들의 공부법　　국 4-1　국 4-2　국 6-2　도 3-1
- 우리 국토 수놓은 식물 이야기　　국 1-1　국 5-1　과 4-2　바 1-2
- 큰 부자들의 경제 이야기　　사 3-2　사 4-2　사 5-2　슬 2-2
- 생명의 보물 창고 우리 생태지　　국 2-1　국 4-2　사 6-1　과 5-2
- 우리가 지켜야 할 천연기념물　　국 2-1　과 3-2　과 4-1　과 5-2
- 안녕, 꾸러기 친구 도깨비야　　국 2-2　국 3-1　국 4-1　사 5-2
- 오천 년 우리 강 이야기　　사 3-2　사 5-1
- 교과서 속 우리 고전　　국 3-1　국 4-2　국 5-1　국 6-2
- 알쏭달쏭, 열두 띠 이야기　　국 3-1　사 3-2　사 5-2　사 6-1
- 빛나는 솜씨, 뛰어난 재주꾼들　　국 4-2　사 6-1　음 4　미 3, 4
- 수수께끼를 간직한 자연과 문화　　국 4-1　사 5-2　바 2-2
- 천하제일 자린고비 이야기　　국 6-2　사 4-2　도 5　실 5
- 민족의 영웅 독립운동가　　국 6-2　사 6-1　바 2-2
- 우리 조상들의 신앙생활　　국 5-2　사 3-2　사 5-2　사 6-1
- 정다운 우리나라 동물 이야기　　국 2-1　국 2-2　국 6-1　과 3-2
- 멋스러운 우리 옛 그림　　국 4-2　사 6-1　미 3, 4　미 5
- 전설따라 팔도 명산　　국 2-1　국 2-2
- 방방곡곡 우리 특산물　　사 3-1　사 4-1　사 5-2
- 아름다운 궁궐 이야기　　국 4-1　사 6-1　미 5　바 2-2
- 역사를 빛낸 여자의 힘　　사 6-1　바 2-2
- 신명 나는 우리 축제　　사 3-1　사 4-1
- 우리가 알아야 할 북한 문화재　　사 5-2　사 6-1　바 2-2
- 봄, 여름, 가을, 겨울 24절기　　사 5-1　사 6-1　과 6-2　슬 6-2
- 나누는 즐거움 우리 공동체　　도 4-1　바 2-2
- 이야기가 술술 우리 신화　　국 1-2　국 6-2　사 3-2　사 5-2
- 흥겨운 옛시조 우리 노래　　국 6-2　사 5-2　음 3　음 6
- 조상들의 지혜, 전통 의학　　국 5-1　국 6-2

오십 빛깔 우리 것 우리 얘기 36
알쏭달쏭 열두 띠 이야기

초판 1쇄 발행 | 2011년 9월 14일
초판 2쇄 발행 | 2017년 2월 10일

글쓴이 | 우리누리
그린이 | 김병하

발행인 | 이상언
제작총괄 | 이정아

디자인 | SU
인쇄 | 성전기획

발행처 | 중앙일보플러스(주)
주소 | (04517) 서울시 중구 통일로 92 에이스타워 4층
등록 | 2007년 2월 13일 제 2-4561호
판매 | 1588-0950
홈페이지 | www.joongangbooks.co.kr
페이스북 | www.facebook.com/hellojbooks

ⓒ 우리누리 2011

ISBN 978-89-278-0124-5 14800
      978-89-278-0092-7 14800(세트)

- 이 책은 저작권법에 따라 보호받는 저작물이므로 무단 전재와 무단 복제를 금하며 책 내용의 전부 또는 일부를 이용하려면 반드시 저작권자와 중앙일보플러스(주)의 서면 동의를 받아야 합니다.
- 책값은 뒤표지에 있습니다.
- 잘못된 책은 구입처에서 바꿔 드립니다.

주니어중앙은 중앙일보플러스(주)의 어린이 책 브랜드입니다.